Geschwister-Streit

Joachim Armbrust

Geschwister-Streit

Konfliktstrategien für Eltern

urania

Joachim Armbrust ist Diplomsozialpädagoge und Psychotherapeut mit fast 20-jähriger Berufserfahrung u.a. in den Bereichen Erziehungs- und Jugendberatung. Er gibt Seminare zum Thema und hat mehrere Ratgeber verfasst.

Neuausgabe 2012

Bisheriger Titel: Streit unter Geschwistern

www.urania-verlag.de; www.herder.de

Umschlaggestaltung: Verlag Herder
Umschlagmotiv: © Mauritius Images
Satz: Grafikstudio Scheffler, Berlin
Herstellung: Graspo, Zlín
Printed in the Czech Republic

ISBN 978-3-451-66020-7

Vorwort

Liebe Eltern, liebe Leserinnen und Leser,

Kinder bringen Schwung ins Leben. Sie machen die Welt bunter und froher. Dies ist einer der Gründe, warum es immer noch Eltern gibt, die sich – allen Widrigkeiten der äußeren Welt zum Trotz – für Kinder entscheiden. In Sternstunden des Familiendaseins genießen sie es zu sehen, wie sich ihre Kinder mehr und mehr als soziale Gemeinschaft begreifen lernen, in der sich jedes Kind – zumindest im Ernstfall – auf das andere verlassen kann.
Dabei wird es den Kindern in all dem Miteinander (fast) niemals langweilig. Denn die Beziehungen der Geschwisterkinder zueinander entfalten ganz eigene Wirkkräfte und erzeugen damit dynamische Bewegungen im Gesamtgefüge der Familie. Diese Fließbewegungen sind allerdings oftmals Anlass für Streitigkeiten. Es werden Grenzen und Möglichkeiten erprobt, Rollen gewechselt und Bündnisse geschlossen. Es kommt zu Missverständnissen, zu Ent-Täuschungen, zu Überforderungen und Blessuren, aber auch zu Erfolgserlebnissen, zu freudvollen Begegnungen und zu beglückender Gemeinschaftserfahrung.
An den Eltern liegt es, dem »Schiff Familie« Richtung zu geben, bei jedem Wind und Wetter im Auf und Ab des Familienalltags die Orientierung zu behalten und den Blick für das Ganze nicht zu verlieren, auch wenn sie oftmals aus dem Bauch heraus und situativ gefärbt handeln müssen. Das Schiff immer wieder in ruhigere Gewässer zu steuern, leichte Kurskorrekturen vorzunehmen und das Ruder nicht ganz aus der Hand zu geben, erfordert wache Aufmerksamkeit, wertschätzenden Umgang und vielfältige Absprachen zwischen den gemeinsam für die Fahrt verantwortlichen Eltern. Sich als Eltern nicht im instinktiven Alltagshandeln zu verlieren, sondern immer wieder den notwendigen Abstand zu gewinnen, ist eine Kunst, die

einerseits der Übung und andererseits der Reflexion über die eigene Rolle und über die eigene Vorgeschichte bedarf.
Es freut mich, wenn das Buch einen kleinen Beitrag in die Richtung zu leisten vermag, dass Sie immer wieder neuen Mut schöpfen und den »Untiefen« des Familienlebens ins Auge sehen lernen, um es in Ihrem Sinne aktiv zu steuern, anstatt auf bereits entstandene Situationen weitgehend instinktiv oder gar blind zu reagieren.
Wenn Ihnen das gelingt, dann ist dies ganz bestimmt auch im Sinne Ihrer Kinder.

Kurzweilige und aufmunternde Erkenntnis beim Lesen wünscht Ihnen

Joachim Armbrust

Die gemeinsamen Wurzeln von Geschwisterkindern

Wir sind nicht gleich andere Menschen, wenn wir eine Familie gründen und Eltern werden, auch wenn wir beabsichtigen, vieles anders zu machen, als wir es selbst in der Kindheit mit unseren Eltern erlebten. Wir alle kommen aus Ursprungsfamilien, von denen wir geprägt wurden, in denen wir unsere Rolle »spielten«.
Diese Erfahrungen bringen wir unweigerlich in unsere neue Elternrolle mit ein.

Die Ursprungsfamilien der Eltern

Mann und Frau, die sich als Paar finden, haben eine Vorgeschichte und bringen diese in die gemeinsame Partnerschaft ein. Beide sind aufgrund der genetischen Veranlagung ihrer Eltern und der besonderen Situation ihrer Zeugung mit ganz bestimmten Erbanlagen ausgestattet. Beide befinden sich zum Zeitpunkt des Zusammentreffens in einer individuell geprägten Lebenssituation. Beide sind mit bestimmten Ritualen, Gewohnheiten, Rollen und Umgangsformen groß geworden und haben ganz bestimmte Verhaltensweisen und Beziehungsformen kennen gelernt.

Dabei unterscheiden sich diese Erfahrungen zum Teil wesentlich von denen des Partners und fügen sich nicht unbedingt nahtlos ineinander.

Es ist wichtig, etwas über die Situation der eigenen Kindheit zu erfahren.

Die eigene Kindheit spielt immer eine Rolle

- Was wissen Sie über die Situation Ihrer Kindheit?
- Waren Sie erwünscht?
- Waren die Eltern glücklich?
- Was waren die bewegenden Themen der Eltern während der Schwangerschaft und nach der Geburt?
- Haben sich die Eltern auf Ihre Ankunft gefreut, oder waren ihre Gedanken mit Blick auf das werdende Kind eher von Sorgen und Ängsten begleitet?
- Welchen Platz hatten Sie in der Geschwisterreihe, und mit welchen Gedanken, Fantasien und Vorstellungen wurden Sie von Ihren Eltern begleitet?
- Wo haben die alten Bilder und Geschichten über Sie noch mit Ihrem heutigen Familienalltag und seinen Ritualen zu tun?

Ihre spezifische Einbettung in die Situation Ihrer Eltern hatte grundlegenden Einfluss auf Ihren Lebensstart. Der Beginn Ihres Lebens ist von Anfang an Ihre ganz eigene und individuelle Geschichte, die sich auch nicht mit den Geschichten Ihrer Geschwister vergleichen lässt.
Im Laufe der Jahre haben Ihre Eltern manches mit Ihnen erlebt, Alltägliches und weniger Alltägliches. Sie haben in gemeinsam durchlebten Situationen vieles über Sie erfahren und ein bestimmtes Verständnis von Ihnen als Tochter oder Sohn gewonnen. Dabei haben sich manche der gemeinsamen Erlebnisse zu Bildern über Sie verdichtet.

Das Wesen des Partners

Der familiäre Einfluss gehört daher unabänderlich zur Lebensgeschichte des Partners. Die Bereitschaft, sich auseinanderzusetzen und miteinander Lösungen auszuhandeln, ist gefragt. Wenn Paare in Erwartungshaltungen verharren oder im gegenseitigen Vorwurf stecken bleiben, ist das wenig hilfreich. Verfestigt sich solcher Umgang, sind die positiven Wachstumsmöglichkeiten des Paares schnell erschöpft. Im Kampf mit dem Partner käme es zu unterschiedlichsten Bündnissen mit den Kindern, und die Familienfehde wäre unausweichlich.
Bleibt das Paar aber offen und einander zugewandt, erfahren beide nach und nach vieles voneinander. Sie lernen das Wesen des Partners im Zusammenhang mit seinen familiären Wurzeln verstehen. Es bildet das Fundament dafür, warum der Partner etwas so und nicht anders machen will, warum er aus den eigenen Kindern dies oder das »herauslieben« möchte, warum er hier oder da besonders streng ist und auch schon mal besonderen Wert darauf legt, das eine vor dem anderen Kind zu schützen. Wenn das Vertrauen wächst und Paare schon einige Zeit miteinander leben, lernen sie, sich mitzuteilen Aber selbst mit

Wenn Paare miteinander Geduld haben, werden sie das Wesen des Partners aus dessen familiären Wurzeln heraus verstehen lernen.

einer solchen Absicht bedarf es Zeit, und wir sind auf die Geduld des Partners angewiesen. Man lernt begreifen: Ein Rückfall des Partners in alte Verhaltensweisen entspringt den jahrelang eingeübten Gewohnheiten und rührt nicht unbedingt aus einer Haltung der Missachtung her. Man wird großzügiger und lernt, einander zu verzeihen.

Partnerschaft ist die Erschaffung eines Kunstwerks

Kunstwerk Partnerschaft! Sie brauchen Visionen, Vertrauen und Humor.

Ich vergleiche die Entstehung einer Partnerschaft gerne mit der Erschaffung eines Kunstwerks: Am Anfang steht die Eingebung, eine Ahnung, dass da etwas entstehen möchte, was sich als inneres Bild vorformt. Dann entwickeln sich eine Vorstellung und ein Plan, und die Künstler beginnen schließlich mit der Umsetzung. Hierfür braucht es Rohmaterial, Werkzeug, Geschick und vor allen Dingen: Handeln, Tun, Arbeit, Verlässlichkeit, Verbindlichkeit und – unabdingbar – der Wille, es schaffen zu wollen. Die Umsetzung ist ein Prozess, bei dem manches gelingt und manches schief geht, aber auch neue, unerwartete Perspektiven entstehen.
Es ist ein Prozess von Versuch und Irrtum, in dem die Künstler dazulernen, Erfahrungen sammeln, scheitern, sich korrigieren, neue Anläufe nehmen, bis sie schließlich die beiden Ursprungsideen zusammengeführt und in eine neue, gemeinsame Wirklichkeit übersetzt haben. Ganz nebenbei sind gemeinsame Wurzeln gewachsen.
Natürlich entspricht die Realisierung nicht den ersten Zielvorstellungen. Oft weist das Gewordene auf etwas hin, das weit über die Visionen des Anfangs hinausreicht. Eines wird aber unterwegs klar: Zur Verwirklichung des »Kunstwerks Partnerschaft und Elternschaft« braucht es Wertschätzung, Vertrauen, Standvermögen, ein großes verzeihendes Herz, Reflexion und Beziehungsarbeit, Humor und Zuversicht.

Die Eltern als Paar

Sich füreinander entscheiden heißt: füreinander da sein und einstehen. Diese Entscheidung eröffnet ganz neue Lebensmöglichkeiten und grenzt zugleich ein. Man beraubt sich potenzieller Wahlmöglichkeiten. In dem Versprechen, »… bis dass der Tod uns scheidet« steckt auch ein Ja zur Unausweichlichkeit des Sich-Einlassens und des Miteinander-Ringens.
Wer sich für Kinder entscheidet, geht eine Verantwortung ein, die auf viele Jahre, in gewisser Weise sogar auf ein ganzes Leben hin, verpflichtet. In einer Welt, die voller Aussichten, Versprechen und Optionen scheint, ist dies kein leichtes Unterfangen.
Die Liebe zum Partner braucht, soll sie gedeihen, regelmäßige Aufmerksamkeit. Die Verantwortung, die wir mit den Kindern angenommen haben, fordert ihren Tribut. Beiden Ansprüchen gerecht zu werden, verbunden noch mit den Anforderungen aus Erwerbs- und Hausarbeit, ist eine wahre Kunst. Wer Partnerschaft ernst nimmt, spürt schnell, dass die Sorgfalt in den alltäglichen Dingen ein wichtiges Element ist.

Wer nicht den Mut zur Entscheidung hat, beraubt sich der Möglichkeiten, all das zu realisieren, was mit dem geliebten Partner möglich wäre.

Meine Beratungserfahrung zeigt, dass viel zu oft die Pflege der Paarbeziehung mit ihren kleinen gegenseitigen Liebesbeweisen und der täglichen Wertschätzung füreinander in Vergessenheit gerät. Diese Nachlässigkeit ist häufig der Beginn für den späteren Verlust der Gemeinsamkeit. Die Pflege der Beziehung zwischen den Partnern ist für alle, auch für die Kinder, die frische Luft, die die Herzen öffnet.
Für diese Zeiten sollte jede Beziehung ihre eigenen Rituale entwickeln. So ist der allabendliche Spaziergang aktive Beziehungspflege, schafft Gemeinsamkeit und Austausch. Gefangen im Alltag, bilden wir immer wieder Verhaltensmuster, ritualisierte Umgangs- und Kommunikationsformen, die niemandem gut tun. Nie ist in einer Partnerschaft nur einer Opfer oder Täter. Klären Sie die Probleme konstruktiv miteinander.

Akzeptieren des Partners – so wie er ist

Ich wünsche jedem Paar den Mut zur liebevollen Auseinandersetzung.

In einer Partnerschaft ist es wichtig, auch das zu akzeptieren, was einem fremd am Partner bleibt, und dem anderen einen eigenen Lebensbereich zuzugestehen.
Natürlich sind hier Dialog und gegenseitiger Respekt wichtig. Auseinandersetzungen, bei denen man sich anschreit, emotional heftig wird, sich mit Gläsern bewirft oder mit Türen knallt, sind verpönt. Aber zur Liebe gehören neben Gefühlen wie Zuneigung, Hingabe und Vertrauen auch Gefühle wie Wut, Ärger und Empörung. Die Liebe bringt eben auch explosive Kräfte hervor. Wüste Auseinandersetzungen sind Teil des Lebens. Vielleicht können wir sie leichter ertragen, wenn wir daran denken, dass erlösender, offener Streit reinigend wirken kann, vorausgesetzt, man kann sich hinterher öffnen für Verständigung. Sich verzeihen können ist ein Grundthema von Ehe und Lebenspartnerschaft.

Das Paar wird zu einer ganz eigenen Welt

Das Paar muss über eigene Probleme reden, sonst etablieren sich Tabus.

Paare produzieren zudem mit der Zeit eine eigene Wirklichkeit, die sich wie ein Kokon um die Beziehung schließt. Mit der Einstimmung auf den Partner kommt es teilweise zu Wirklichkeitsunschärfen. Es entstehen wunde Punkte, denen ausgewichen wird, unbewusste Vereinbarungen über Themenbereiche, die besser gemieden werden. Paare neigen dazu, sich ihre eigene Welt zu schaffen, in die sie entschwinden und in der sich beide ihre Überzeugungen und Haltungen immer wieder bestätigen. Sie verlieren eigene psychologische und ideologische Beschränkungen aus dem Blick. Da ist Vorsicht geboten, denn es geschieht bisweilen, dass Eltern als Paar ungelöste Probleme an ihre Kinder weiterdelegieren. So soll Wilhelm, der Älteste, das Verständnis aufbringen, das der Vater nicht hat, und Mona, die

Tochter, soll das Selbstbewusstsein und die Attraktivität ausstrahlen, die der Mann bei der eigenen Frau vermisst.
Ich wünsche Ihnen nicht, dass es so weit kommt, wie mir eine Freundin erzählte: »Ich dachte, meine Ehe sei gut, bis Georg mir sagte, wie er sich tatsächlich fühlt.«

Erziehungsvorstellungen der Eltern

»Mit jedem Kind wird die Möglichkeit einer neuen kleinen Welt geboren.« Lassen Sie sich auf diese »Eigen-Welt« mit ihren eigenen Gesetzmäßigkeiten ein, und lassen Sie sich von Ihren Kindern zeigen, wie Sie sie auf achtsame Weise ins Leben begleiten können. Es gibt keine vorgefertigten Handlungsmuster und keine Patentrezepte für die Ausübung elterlicher Verantwortung. Antworten finden sich nur dort, wo Sie sich für Ihre Kinder öffnen und es Ihnen gelingt, Zugang zum Kind herzustellen. Fehlende Aufmerksamkeit entmutigt die Kinder genauso wie Überforderung.
Ihr Kind entdeckt spielend und experimentierend die Welt. Es bestimmt den Sinn seiner Handlungen selbst. An Ihnen liegt es, Ihre Kinder zu umsorgen und ihnen genügend Spielraum zu verschaffen.

An der richtigen Stelle intuitiv das Richtige tun, öffnet – einem Dietrich gleich – die Türen.

Erwartungsdruck macht den Kindern Angst. Klare Botschaften brauchen manchmal die Berührung durch Handauflegen, damit sie von den Kindern gehört werden. Pauschale Vorwürfe sind wenig hilfreich. Handeln ist manchmal besser als Reden. Grenzen und Rituale ergeben sich oft aus der Situation heraus, wenn wir wach und sensibel dafür sind, und müssen nicht künstlich geschaffen werden.

Verhalten dürfen wir ablehnen, aber niemals das Kind selbst.

Wie die meisten Eltern heute ihre Rolle verstehen

Kinder brauchen stabile und zuverlässige Beziehungen, in denen Ehrlichkeit möglich ist.

Viele verstehen sich als Begleiter ihrer Kinder und haben ein partnerschaftliches Grundverständnis. Sie verstehen Erziehung als Beziehung des Aushandelns, die in einem Kommunikationsprozess von allen Beteiligten gemeinsam gestaltet wird.

In der Beratungsarbeit zeigt sich immer wieder, wie Eltern von ihren Kindern »beschenkt« werden. Wenn Sie Liebe, Respekt und Fürsorge vermitteln, dann fühlen sich die Kinder gewollt und als wichtige Mitglieder der Gemeinschaft. Sie entwickeln ein positives Selbstkonzept: »Ich bin wer, und ich kann was.« »Überlebensstrategien« werden überflüssig. Es entsteht Raum für spielerisches Probehandeln. Die Kinder bringen sich in die Gemeinschaft ein, geben den Eltern Liebe und Dankbarkeit. Und vor allen Dingen werden sie zu verantwortlichen »Mitträgern« der Werte, die Eltern ihnen vermitteln.

Wenn sich Eltern allerdings gleichgültig, aggressiv oder unterversorgend verhalten, dann fühlen sich die Kinder missachtet, ungeliebt und unerwünscht. Sie entwickeln ein negatives Selbstwertkonzept. »Ich kann nix, ich bin nix, aus mir wird nix.« Sie kämpfen um einen Platz, von dem sie spüren, dass sie ihn bräuchten, aber den es nicht gibt. Sie streiten, verweigern sich, trödeln, verwöhnen sich, naschen, flüchten in eine bessere Scheinwelt, träumen und lügen. Wenn Kinder gar keine Hoffnung mehr haben, steigen sie innerlich oder äußerlich aus der Gemeinschaft Familie aus.

Ideale sind nur so lange hilfreich, wie wir uns nicht zu ihren Sklaven machen!

Auch scheinbar gleichgültige Eltern leiden am vermeintlichen Versagen ihrer Kinder und zahlen es heim. Hier setzen dann destruktive Beziehungskreisläufe ein. Deshalb braucht es in verfahrenen Alltagssituationen, in denen Eltern z. B. von einem ihrer Kinder schwer enttäuscht sind, eine veränderte Sicht auf das Kind, damit Eltern ihre positive Haltung zum Kind wieder herstellen können. Der Perspektivenwechsel liegt allerdings in der Verantwortung der Eltern, nicht beim Kind.

Wenn Eltern an eigene Grenzen stoßen

Kinder bringen uns zwangsläufig immer wieder an unsere Grenzen. Sie erschüttern unser Selbstbild und bringen sowohl unsere besten als auch unsere hässlichsten Seiten zum Vorschein. Wir werden uns immer wieder fühlen wie durch die Mangel gedreht. Und mit unfehlbarer Sicherheit legen sie die Finger in unsere Wunden und deuten auf unsere schwachen Stellen, die wir sicher verborgen glaubten. Diese Erfahrung ist oft schwer auszuhalten, aber sie bietet eine unvergleichliche Chance, nämlich uns kennen zu lernen und innerlich zu wachsen. Hier helfen keine Konzepte, Ansätze und Modelle, oder sie helfen nur insoweit, als sie uns nachdenken und uns über eine vertrackte Situation hinausschauen lassen. Doch letztendlich müssen wir uns ihnen und uns selbst stellen und gemeinsam einen gangbaren Weg finden. Für Kinder ist es wunderbar lehrreich zu entdecken, dass Eltern ihre Fehler eingestehen können und bereit sind, etwas daraus zu lernen. Nur versprechen Sie ihnen nie, dass das nie mehr vorkommt.

Kinder können das Bild, das wir von uns haben, gehörig in Frage stellen.

Eltern können:

mitfühlen, zuhören, vermitteln, vorsichtig lenken, organisieren, offen sein, beteiligt sein, sensibel sein, flexibel sein, dem Kind helfen bei Verarbeitungsprozessen, Querverbindungen herstellen, dem Kind neue Perspektiven eröffnen, Privatsphäre achten, diskret sein, den Kindern helfen, einander ernst zu nehmen, die eigenen Absichten in einer Form darstellen, die Kinder verstehen, die Sprache der Kinder sprechen, authentisch sein, die kooperativen Kräfte der Kinder in sensibler Weise wecken und steuern helfen.

Handlungsleitsterne für eine gelungene Beziehung.

Rollenzuordnungen in der eigenen Familie

Unsere Erfahrungen wirken sich bis in die Partnerwahl und das Berufsleben hinein aus.

Kindsein ist ein Erfahrungsschatz, auf den wir lebenslang zurückgreifen. Als Eltern suchen wir in unseren Kindern mehr oder weniger uns selbst. Wir suchen nach dem, was wir einmal waren oder sein wollten bzw. nicht waren, nicht sein wollten oder nicht sein durften. Die verschiedenen Facetten dieser Erfahrungen begleiten uns. Sie beeinflussen die erwünschte Anzahl eigener Kinder und das Erziehungsverhalten.
Eltern muss klar sein, dass sich die eigenen Erfahrungen nicht wiederholen müssen. Denn es liegt an ihnen, dafür zu sorgen, dass sich die Begleitumstände für das Kind positiv gestalten. Rollenzuordnungen haben vom Erleben her keine Zwangsläufigkeit und wiederholen sich fast nie in der gleichen Weise.

Rollen in der selbst gegründeten Familie

In den Kindern sind bereits vor der Geburt bestimmte Rollen angelegt, sie werden ihnen von den Eltern zugeschrieben. Die Kinder stehen also bald unter dem verdeckten Druck, die mehr oder minder bewussten Erwartungen der Eltern zu erfüllen und die ihnen zugewiesenen Rollen zu übernehmen.
Zunächst schreiben Eltern das Drehbuch für ihr Kind. Sie sind die ersten, die das, was sie von ihm wahrnehmen, in Worte kleiden, auslegen und ausdeuten. Daraus abgeleitet schreiben sie jedem Kind Fähigkeiten, Begrenzungen und Merkmale zu, die es wiederum von seinen Geschwistern unterscheiden. Je fremder dabei das Wesen des Kindes dem der Eltern ist, desto mehr müssen diese einfühlend verstehen lernen. Je mehr das Wesen des Kindes dem der Eltern ähnelt, umso mehr Arbeit haben sie damit zu sehen, dass sich das Kind trotzdem von ihnen unterscheidet. Aufgrund der eigenen Anlagen, der eigenen Familiengeschichte und vielleicht auch aufgrund eigener

Wünsche und Vorurteile kommt es vor, dass Eltern durch eine eingeschränkte Wahrnehmungsbrille sehen und die Wirklichkeit des Kindes verkennen. Hier gilt es, eine für das Kind zufriedenstellende Balance zu finden und das wirkliche Potenzial des Kindes nicht zu ignorieren.

Rollen vermitteln uns Sicherheit

Trotz aller Aufforderung, mit Rollenzuweisungen vorsichtig und sensibel umzugehen, möchte ich nicht den Stab über Rollenzuordnungen brechen. Rollen bringen schließlich auch Ordnung in die Familie, vermitteln Identität und erzeugen Berechenbarkeit, Sicherheit und Vertrautheit. Gut, wenn Eltern helfen, Zuordnungen, die zu Fehlentwicklungen führen, zu verwandeln.
Über die Rollenvergabe werden natürlich auch die Werte in der Familie personengebunden fest verankert.

Auch Kinder weisen den Eltern Rollen zu

Ihre Kinder haben eigene Bedürfnisse und Wünsche, die sich Ihren Erwartungen widersetzen können.

Je stärker die Kinder das Gefühl haben, dass Eltern sich wirklich kümmern, desto bereiter sind sie, den Eltern zu vertrauen. Wenn die Kinder also spüren, dass ihre Eltern das Vorhandensein bestimmter Zuordnungen nicht zur Bedingung ihrer Liebe machen und jedes Kind mit seinen Eigenschaften und Fähigkeiten fördern und unterstützen, dann werden sie die Eltern als Vorbilder brauchen.
Auch die Elternrolle unterliegt also einem Wandel. Nehmen Sie sich Zeit für Ihre Kinder, hören Sie zu. Dann erfahren Sie, wie Ihre Kinder Sie für den Moment als Vater oder Mutter brauchen, welche Elternrolle ihnen in der momentanen Entwicklung hilfreich ist und welche Rolle sie behindert oder ihnen schadet. Hören Sie auf ihre Bedürfnisse und Befindlichkeiten! Suchen

Sie ab und zu Abstand zu dem alltäglichen Geschehen in der Familie, gehen Sie den Dingen auf den Grund, und schaffen Sie es so, zerstörerische Wiederholungskreisläufe durch konstruktive Beziehungsangebote zu ersetzen. Wenn Sie in einem Ihrer Kinder nur noch den Störer sehen, dann läuft etwas schief, und es ist wichtig, dass Sie in sich gehen, um seine anderen Seiten wieder zu entdecken. Werden Sie als Mittler tätig, wenn sich die Geschwister untereinander Rollen zuschreiben und diese dem einzelnen Kind Schwierigkeiten machen. Korrigieren Sie solche im Entstehen begriffenen Bilder (siehe Seiten 51–61).

Rollen geben jedem eine Aufgabe und schaffen in ihrer Gesamtheit ein Gleichgewicht.

Es gibt auch negative, unbewusste Rollenzuweisungen durch die Eltern, in die die Kinder korrigierend eingreifen, indem sie z. B. einen Bruder, den die Eltern als »Versager« abstempeln, als »Helden« sehen.

Geschwister selbst können wichtige Rollen füreinander einnehmen. Je nach Rolle prägt diese das Selbstwertgefühl eines Bruders oder einer Schwester beinahe ebenso stark wie Lob oder Tadel der Eltern.

Wie ist das bei Ihren Kindern? Sind sie als Geschwister eher Vorbilder, Rivalen, Nervensägen oder Verbündete?

Der Zeitgeist und seine Herausforderungen

Was Sie Ihrem Kind bedeuten, hängt davon ab, ob Sie es verstehen können.

Wurden die Kinder früher durch Verbote und Drohungen zu blindem, oft angstvollem Gehorsam dressiert, so propagierten manche Achtundsechziger als Gegenpol die antiautoritäre Erziehung, die häufig falsch, nämlich als »Nicht-Erziehung« verstanden wurde. Heute sind wir eher dabei, einen Mittelweg zu suchen, bei dem Autorität nicht autoritäres Gehabe, sondern Respekt bedeutet und eng gekoppelt ist mit Liebe und Wärme. Es geht darum, Kindern notwendige Grenzen nicht zu eng und Freiräume nicht zu gefährlich weit zu setzen. Die Erziehungsziele heißen nicht mehr Ordnung, Sauberkeit und Gehorsam,

sondern Selbstständigkeit, Selbstvertrauen, Eigenverantwortung, Verlässlichkeit und Wertschätzung.
In meiner Kindheit gab es noch den Freiraum des Kindseindürfens. Geprägt war dieser vor allen Dingen von zeitlosem und zweckfreiem Spiel, das die Kinder untereinander entwickelten. Nur weniges war vorstrukturiert, man trat vor die Haustür und traf auf die Freunde. Kindheit heute wird, nicht überall, sehr viel stärker pädagogisiert und kolonisiert, auch durch den Bildungsgedanken, der das Kind von Anfang an begleitet. Kinder erleben die Welt in ihrer Freizeit zunehmend seltener in Eigentätigkeit und bedienen sich heute vorwiegend des konsumierenden Umgangs mit Vorfabriziertem. Neben Nachbarn, Freunden und Verwandten haben Kinder heute auch medienöffentliche Bekannte wie Dieter Bohlen oder Pumuckl. Sehr viel stärker als noch vor 20 Jahren leben wir in einer Bilderwelt statt Wörterwelt.

Beschreiben diese Stichwörter auch Ihr Lebensumfeld?

- Globalisierung – Zukunftsängste, Verschwinden von Traditionen und bestimmten Werten
- Mobilität – Wechsel von Beziehungen und Wohnorten
- Lebenserwartung – Gesundheit im Alter, Risiko der Vereinsamung
- Familie als Erlebnisraum – gemeinsame Freizeit muss immer organisiert werden
- Bilderwelt – Medienverdichtung, Visualisierungen ohne Worte
- Freizeitprogramm – in Fitnesskursen, im Kino, vor dem Fernseher und in Ferien-Clubs
- Konsumverhalten – Ersatz für fehlende Beziehungen: »Wir brauchen das, und zwar sofort!«

Pluralisierung und Individualisierung der Lebensstile – wir basteln uns unsere Biografie.

Integrieren – koordinieren – entscheiden

Brauchen unsere Kinder schon einen Terminkalender?

Aufgabe der Kinder ist es, die unterschiedlichen Lebenswelten, in denen sie sich bewegen – wie z. B. Grundschule, Familie, Geschwister, Nachbarskinder, Bolzplatz, Jazzdance-Institut, Musikschule, Freunde, Spielplatz, Jugendfarm, Fernsehen, Computer, CD-Hören –, in ihrer Person zu einer Gesamtidentität zusammenzuführen.

Sie müssen die damit verbundenen vielfältigen Termine und parallelen Ereignisse genau aufeinander abstimmen und die Sequenzen ihrer jeweiligen Aktivitäten in einem Gesamtzeitplan koordinieren.

Augenblicksentscheidungen werden notwendig, wo nicht schon vorher über diesen Augenblick entschieden worden ist. Durch Terminfixierungen können auch Zeitlöcher und Wartezeiten entstehen, die man wieder nutzen will. Voraussicht, Selbstkontrolle und Bedürfnisaufschub sind notwendige Grundinstrumente heutigen Kind-Seins.

Kinder fühlen sich oft allein und sehnen sich nach Spielgefähren.

Auch die Beziehungen von Kindern haben sich verändert. Vier von fünf Kindern wünschen sich mehr Spielgefährten, so die Kinderforschung. Offensichtlich fehlt ihnen etwas. Hier gilt es allerdings, eine gewisse Vorsicht in der daraus resultierenden Konsequenz walten zu lassen, damit »Sozialsein« nicht zu einem stressigen Gebot wird, das Kinder und Menschen stigmatisiert, die eher still und auch gerne allein sind.

Gelingt es Kindern nicht, Freundschaftsbeziehungen zu Gleichaltrigen aufzubauen und sich an den sozialen Prozessen unter ihresgleichen zu beteiligen, geraten sie in Sackgassen ihrer Entwicklung und katapultieren sich so in eine Außenseiterposition hinein, aus der heraus sie noch weniger positive Sozialerfahrungen machen können.

Hier sind Geschwisterkinder zunächst einmal in einer vorteilhaften Situation, wobei es auch für sie wichtig ist, Freundschaften außerhalb der Familie zu knüpfen.

Die Weltsicht der Eltern

Der amerikanische Filmemacher Woody Allen sitzt in einem seiner Filme selbst in einem Zug auf der Fahrt nach irgendwohin, alles um den Zug herum ist trist, die Farben des Zuges und seiner Umgebung sind grau in grau. Woody Allen wirkt in seiner Rolle deprimiert und niedergeschlagen. Da fährt ein paar Gleise weiter ein anderer Zug vorbei. Er ist hell erleuchtet und erscheint in den schönsten Farben. Die Menschen, die darin mitfahren, sind erfüllt von Freude und Glück. Es wird getanzt und gelacht, alle haben Spaß miteinander. Woody Allen vermittelt in seiner Depression das Gefühl, im falschen Zug zu sitzen. Glück haben nur die anderen, er steht auf der Verliererseite und wünscht sich nichts sehnlicher, als sich in den anderen Zug beamen zu können. Auf die Idee, selbst ein solches Strahlen auch in seinem Zug zu entzünden, kommt er gar nicht.

Denken Sie auch manchmal, Sie sitzen im falschen Zug?

- Welche Weltsicht haben Sie?
- Wollen Sie sich in die Welt einbringen?
- Haben Sie den Eindruck, Sie können etwas bewirken, um Ihre Lebensumstände zu verändern?
- Worauf kommt es Ihnen in Ihrem Leben an?
- Kann man seine kleine Welt überhaupt selbst gestalten?

Geben Sie keine oder nicht ausreichende Antworten auf die Herausforderungen, denen die Kinder ausgesetzt sind, werden Sie das im Handeln, in den Reaktionen Ihrer Kinder gespiegelt sehen. Hier hilft Strafen oder Korrigieren im Alltag wenig. Hier müssen Sie Ihre Sichtweise, Ihren Blick auf die Welt unter die Lupe nehmen. Wenn Sie also die Welt schrecklich finden und sich als Opfer der Machenschaften erleben, die sich darin abspielen, dann wird ihr Kind entweder entmutigt sein oder das

Kampfschwert ziehen. Wenn Sie die Welt genießen, wie sie ist, Aufgaben und Möglichkeiten für sich darin entdecken, vertrauensvoll in die Zukunft blicken, dann wird Ihr Kind sich vermutlich diese Haltung zu Eigen machen.

Die Frage nach dem Grund unseres Daseins

Es bringt nichts, sich an anderen zu orientieren, es ihnen gleichzutun.

In der alltäglichen Begleitung von Menschen in Krisensituationen wird deutlich: Unterwegs auf der Suche nach ihrem Weg fallen viele Menschen in existenzielle Krisen, leiden unter dem entfremdeten, sinnentleerten Dasein, fühlen sich als Spielball äußerer Kräfte und Zufälle. Zur Instinktverarmung, nicht mehr zu wissen, was man *muss* – und zum Traditionsverlust, nicht mehr zu wissen, was man *soll* – gesellt sich als Überforderungssymptom der Sinnverlust hinzu – nicht zu wissen, was man *will* in diesem Leben. Unsere inneren Wirklichkeiten sind aber nicht nur Funktionen materieller und gesellschaftlicher Prozesse, sondern weisen eine gewisse Autonomie auf. Es handelt sich um eigenständige, zielgerichtete Kräfte, die unser Leben mitgestalten wollen.

Eine gut funktionierende Partnerschaft bietet die Chance, sich gemeinsam auf die Suche nach Antworten zu machen. Wir können die Frage nach dem Grund unseres Daseins und unseres individuellen Lebens jedoch nicht über eine Beziehung und auch nicht über die Kinder beantworten.

Kinder passen sich an das Leben an, dass Sie ihnen vorleben.

Als Eltern formen Sie den Charakter und die Identität Ihrer Kinder, Sie vermitteln ihnen Werte, Moralvorstellungen, Ziele, Schutzmechanismen und die Techniken, die Sie selbst benutzen, um Ihr Leben zu meistern. Ihre Weltsicht und Ihre Haltung zur Welt zeigen, ob und wofür es sich lohnt zu leben. Deshalb können Sie mit dem, was Sie wissen und tun, Ansporn für die Kinder sein.

Die familiäre Grundatmosphäre

Kinder beobachten unbewusst und sehr genau, wie Eltern miteinander kommunizieren und handeln. Nehmen sich Eltern in den Arm, streiten sie oft und laut? In ihren Rollenspielen werden Geschwister diese Alltagserlebenisse widerspiegeln. Sie vermitteln so auf eine ganz eigene Weise die gelebten Wertevorstellungen der Eltern, entwickeln aber auch eigene Werte. In diesem Kapitel erfahren Sie, wie Kinder die Unterschiedlichkeit von Wertvorstellungen akzeptieren und eine positive Streitkultur einüben können.

Vom Umgang der Eltern miteinander

Über Vater und Mutter lernen Kinder, was Beziehung heißt.

Kinder sehen, ob ihre Eltern partnerschaftlich miteinander umgehen, sich in den Arm nehmen und füreinander einspringen. Oder ob die Eltern ständig miteinander konkurrieren, sich aus dem Weg gehen oder aneinander leiden.
Unterschiedliche Erziehungsstile wirken sich auf die Familie aus, je nachdem, wie damit umgegangen wird. Kinder merken, wenn ein Elternteil bestimmte Aufgaben verweigert, z. B. Pflege als unter seiner Würde betrachtet. Sie spüren, dass damit der andere Elternteil und sie selbst abgewertet werden. Sie bemerken es, wenn z. B. die Mutter die Erwerbsarbeit über alles stellt und sich durch Kinder behindert glaubt oder wenn sie sich als Partnerin vernachlässigt fühlt. Auch wenn Eltern die Einmischung von Großeltern zulassen und wie unselbständige Kinder handeln, fällt das den Kindern auf.
Genauso deutlich spüren Kinder aber auch, wenn sich die Eltern viel Liebe und Zuneigung schenken, füreinander einstehen und die Verantwortung für sich und die Familie gemeinsam tragen.
So wie Kinder die Situation erleben, spielen und leben sie sie nach. Der Umgang der Eltern miteinander hat Einfluss auf die Entwicklung von Wertegefüge, Beziehungsvorstellungen und Beziehungsrepertoire der Kinder.

Ihre Kinder spielen Familie – Ihre Familie?

Ihre Kinder spiegeln, wie sie Sie erleben.

Im Rollenspiel Ihrer Kinder, wenn diese Mutter und Vater spielen, können Sie viel über sich selbst erfahren.
Worin ergänzen Sie sich als Eltern, worin unterscheiden Sie sich? Wie gehen Sie dort, wo es verschiedene Grundhaltungen gibt, damit um, miteinander und im Kontakt mit den Kindern? Trauen Sie sich zu sagen: »Ich möchte, ich erwarte …« Können Sie mit dem Partner über Ihre Gefühle sprechen? Können Sie

zuhören? Gelingt es Ihnen, bei Widerstand in einer Konfliktsituation Ihre Position weiter zu vertreten?
Können Sie den Konflikt, der sich hinter einer Unterschiedlichkeit auftut, reifen lassen? Können Sie darauf vertrauen, dass er sich lösen wird, wenn Sie ihn beide ernsthaft miteinander bewegen?
Schaffen Sie es, sich auf Ihre Person zu beschränken, wenn Sie die Auswirkungen des Handelns anderer Menschen beschreiben? Können Sie auf Rekonstruktionen der Schuldfrage verzichten? Verstehen Sie selbst, warum Sie gerade so und nicht anders reagieren?
Können Sie Kritik annehmen, sich entschuldigen, Dank aussprechen, Anerkennung und Zärtlichkeit annehmen? Oder arbeiten Sie mit Vorwürfen und Erpressungen oder Schuldzuweisungen, um gewünschtes Verhalten zu erzwingen?
Wenn Eltern sich ihrer eigenen Kommunikationskultur bewusst werden, sind sie schon einen Schritt weiter. Konflikte dürfen und sollen vor den Kindern ausgetragen werden – aber mit gemäßigter Wortwahl, guten Argumenten und in normaler Lautstärke. Wer den anderen niederbrüllt oder fluchtartig den Raum verlässt, hat nicht nur bei seinem Partner verloren, sondern auch bei seinen Kindern.

Leben Sie die Regeln vor, deren Einhaltung Sie von den Kindern erwarten.

Manchmal kann es sinnvoll sein, das Streitgespräch zu unterbrechen, um dem Kind zu erklären, worum es geht (je nach Alter). Nur Diskussionsthemen, die Kinder verunsichern könnten, verlagern Sie bitte auf einen Zeitpunkt, wo diese nicht anwesend sind.

Kinder sind Gefühls-Seismografen

Wer sich darauf einlässt, sich die Empfindungen von Kindern vorzustellen, kann ansatzweise verstehen, was im Zusammenhang mit Streit für Kinder zuträglich ist.

Kinder spüren Ungleichgewichte im Beziehungsgefüge der Familie. Sie registrieren, dass es der Mama und/oder dem Papa nicht gut geht.
Da sie nicht wissen, was eigentlich los ist, ist Verunsicherung, ja Angst die Folge. Kinder, die im permanenten Konflikt der Eltern groß werden, leben in einem Chaos, in dem es keine »Rettungsanker« gibt. Ihre Welt ist aus den Fugen. Was bleibt, ist eine tiefe Verlorenheit und Traurigkeit. Solche Auseinandersetzungen führen zu tief eingegrabenen »Kränkungsspuren« in der Seele der Kinder und prägen ihre Vorstellungen vom künftigen Beziehungsleben.
Ganz schwierig wird es, wenn Kinder in Konflikte hineingezogen oder gar als Waffe benutzt werden. Sie sind weder Schiedsrichter noch Partnerersatz.
Sie können Konflikte ihrer Eltern besser einordnen, wenn man sie auf das Geschehen anspricht und darauf hinweist, dass auch sie ja hin und wieder mit ihren Freunden streiten. Damit verliert das Verhalten der Eltern viel von seinem bedrohlichen Gewicht.

Beziehungs- und Kommunikationskultur

Kunst elterlicher Begleitung ist es, nicht zu erklären, sondern Themen aufzugreifen.

Eltern sind »Leitwölfe«, die über Atmosphäre und Stimmung Beziehungskultur vorgeben und Vertrauen als Grundatmosphäre installieren.
Wenn Eltern mit der Kommunikationskultur nicht zufrieden sind, sind nicht die Kinder daran schuld. Denn Kinder passen sich dem Klima an, das die Eltern gestalten. Deshalb tut es der innerfamiliären Beziehungs- und Kommunikationskultur gut, wenn es den Eltern gelingt,

- mitzuteilen, anstatt zu predigen,
- anzubieten, anstatt aufzudrängen,
- vorzuschlagen, anstatt zu verlangen.

Ein häufig auftretendes Missverständnis, dem wir fast alle einmal unterliegen, ist, dass wir denken, der andere müsse wissen, was wir wollen, und wenn er das nicht erfühle, sei das ein Beweis, dass er uns nicht liebt. Um diese und andere Irrtümer aufzuklären, braucht es immer wieder von den Eltern angestoßene Gespräche.

Kinder brauchen Gespräche

Ein Gespräch ist immer ein wechselseitiges Reden und Zuhören. Es muss Kindern möglich sein, zu widersprechen und eine andere Meinung zu vertreten. Nehmen Sie sich Zeit zu hören, was Ihr Kind zu sagen hat. Nur so lernt es sich und anderen vertrauen.

Kinder brauchen Erfahrung mit Konflikten

Streit gehört zum Zusammenleben. Man kann lernen, angemessen damit umzugehen. Es ist Aufgabe der Eltern, in einem ruhigen Moment möglichst vorwurfsfrei zu sagen, wo es klemmt, alle Beteiligten zu Wort kommen zu lassen und gemeinsam eine Lösung zu erarbeiten (siehe S. 128, Familienrat).

Kinder brauchen gesunde Alternativen

Bieten Sie statt der Computerspiele ein gemeinsames Spiel, statt Schokolade eine Runde Toben, statt Fernsehen eine Nachtwanderung. Auf den Seiten 120–123 finden Sie viele Vorschläge.

Kinder brauchen Rituale

Rituale schaffen Gemeinsamkeiten und bedeuten für Kinder, dass sie sich auf etwas freuen können, auch wenn der Tag weniger schön war. Wichtig ist, dass die Rituale allen Spaß machen, nicht mit der Hammermethode eingeführt werden und dass auch davon abgewichen werden darf. Wenn Sie und Ihre Kinder merken, dass eine immer wiederkehrende Handlung der ganzen Familie gut tut, wird sie fast automatisch zum Ritual.

Ritual ist ein großes Wort, doch verbergen sich dahinter nicht immer große Dinge.

Auf den Seiten 124–128 finden Sie einige Vorschläge. Wenn sich die Zeiten ändern, müssen sich auch Rituale dem Alter der Kinder anpassen. Bleiben Sie variabel und behalten Sie im Auge, was Ihnen und Ihrer Familie gut tut.

Eltern und Kinder prägen die Kommunikationskultur

Wir alle haben unsere Wahrnehmungsbrille, durch die wir die Welt sehen.

Jeder hat Gefühle, die er kennt, akzeptiert und auch äußert, und solche, die er zwar kennt, aber nicht äußern will. Hinzu kommen solche, von denen er nichts weiß, die er weder fühlen noch annehmen kann.
Kinder spüren instinktiv, welche Gefühle Erwachsene zulassen können und vor welchen sie sich verschließen. Nicht selten schaffen sie unbewusst Situationen, die die Eltern mit diesen unbekannten Gefühlen konfrontieren. Wenn Eltern genau hinhören, helfen ihnen ihre Kinder, ihren blinden Fleck zu entdecken. Will ein Kind es den Eltern recht machen und spürt es, dass nur ein Teil seiner Persönlichkeit liebenswert ist, beginnt es, Dinge an sich selbst auszugrenzen. Positiv finden viele Eltern, wenn ihr Kind erfolgreich, selbstbewusst, gesund, großzügig, gescheit, einfühlsam und lebenszugewandt ist. Was aber, wenn es sich auch als verletzlich, als geizig, egoistisch, mittelmäßig, ratlos, krank, plump oder schüchtern erweist? Das Kind bemerkt die Ablehnung und beginnt, Persönlichkeitsmerkmale abzuspalten.
Bewertungen stören das Familienklima nachhaltig. Fantasien, Ideen, Gedanken, die wir uns über den anderen machen, können uns helfen, den Zugang zu ihm zu finden. Sie können aber auch der Abgrenzung oder gar Ablehnung zuarbeiten. Gelingt es uns, die Mauern zwischen uns und den Kindern aufzuweichen?
Kinder beeinflussen die Kommunikationsstruktur der Familie durch ihre eigene Logik, ihre Lebenskraft und Kreativität sowie ihre Sensitivität gegenüber Konflikten, gepaart mit der fehlen-

den Erfahrung, sie zu lösen. Der Wunsch nach Kooperation treibt sie an. Nicht selten dienen sie als Blitzableiter für die Erwachsenen. Wenn Eltern schlechte Laune haben, denken Kinder oft, dass sie schuld daran sind, und geraten in innere Unruhe. Das zu erkennen und sie von diesem Gedanken zu befreien, ist sehr wichtig.

»Du hast keine Schuld an meiner schlechten Laune.« Das kann Wunder wirken!

Familie ist ein sensibles Ökotop

Wer verstehen will, wie das familiäre Beziehungsnetzwerk funktioniert, muß das Zusammenwirken unterschiedlicher Ebenen berücksichtigen:

- Auf der ersten Ebene bewegen sich unsere Kinder mit ihren Anlagen und Stimmungen, wie z. B. Bindungsbedürfnissen, und wollen als Individuen beachtet sein.
- Die zweite Ebene ist interpersonal. Wie gestalten sich die Beziehungen zwischen Mutter/Vater und dem einzelnen Kind und den Kindern insgesamt? Zwischen einzelnen Kindern und in der Geschwistergruppe?
- Die dritte Ebene ist die Systemebene. Wie findet das System Familie zum Gleichgewicht? Wer sucht Kontakt über wen? Wer nimmt sich kaum wahr?
- Die vierte Ebene öffnet den Blick für die Welt und die Zusammenhänge zwischen dem System Familie und anderen Systemen wie Schule, Freunde, Arbeit.

Alle vier Ebenen hängen zusammen und bedingen einander. Entscheidend ist, wie eine Familie den Alltag bewältigt und dabei möglichst viel Zufriedenheit für alle sichert. Wie gut dies gelingt, zeigt sich in der Häufigkeit von Konflikten, in der Art der Konfliktbewältigung und vor allem darin, wie weit sich Kinder mit ihren Problemen an ihre Eltern wenden können und in ihnen verständnisvolle Ansprechpartner finden.

Wie viel Öffnung oder Abgrenzung eine Familie kultiviert, wird von allen Ebenen maßgeblich beeinflusst.

Leiblichkeit

Kinder finden zunächst über den Körperkontakt zur Zwiesprache mit Vater oder Mutter. Können Eltern diesem kleinen Körper das Gefühl von Heimat geben? Und dürfen mal alle zusammen in einem Bett liegen und miteinander schmusen, ist es üblich, sich in den Arm zu nehmen?

Körperliche Berührung:

- stellt eine Form von Nähe her, die keine Worte braucht,
- vermittelt die Erfahrung von Wohlbefinden und Aufgehobensein und ermöglicht es uns, uns in den Armen eines geliebten Menschen fallen zu lassen,
- kann ein Gefühl tiefen Trostes wecken, ohne dass sich die Situation ändert,
- hilft uns, die Aufmerksamkeit eines anderen nachhaltig zu wecken,
- kann Unterschiede wegschmelzen, Orientierung geben und vor eigenen widerstreitenden Gefühlen schützen.

Können sich Eltern dem Körperkontakt hingeben, sich seinen Bewegungen und Signalen öffnen?

Es geht nicht allein um Berührung. Bestimmte Gerüche und Geräusche unserer Kindheit haben uns geprägt für das ganze Leben. Frühe Eindrücke haben sich in unser Körpergedächtnis eingegraben. Mit der Bewegungserfahrung beginnt unsere Ich-Werdung und die Entdeckung der Welt. Mit dem Körper gehen wir auf Menschen zu und von ihnen weg. Mit dem Körper lernen wir, unseren Platz im Zusammenhang des Ganzen zu erfassen, zunächst ganz konkret, später abstrakt.
In einer Welt, die den Körper immer mehr vergisst und zu Bewegungsfaulheit einlädt, ist es wichtig, ihm einen Platz einzuräumen, in dem er gedeihen kann.

Einige Bewegungsfunktionen seien hier benannt

- den eigenen Körper und damit sich selbst kennen lernen; sich mit den körperlichen Fähigkeiten auseinandersetzen und ein Bild von sich selbst entwickeln,
- mit anderen etwas tun, mit- und gegeneinander spielen, sich absprechen, nachgeben und sich durchsetzen,
- selbst etwas herstellen (z. B. einen Tanz),
- Gefühle in Bewegung ausdrücken und verarbeiten,
- Lust, Freude, Erschöpfung und Energie empfinden und in Bewegung erfahren,
- die dingliche und räumliche Umwelt erschließen, sich mit Objekten auseinandersetzen, sich Umweltanforderungen anpassen bzw. sie sich passend machen,
- unter Belastung seine Grenze kennen lernen und die Leistungsfähigkeit steigern, nach eigenen und fremden Anforderungen.

Praktische Vorschläge finden Sie auf den Seiten 123 – 128.

Bewegung hat für die Entwicklung der Kinder einen unglaublichen Stellenwert.

Familienstreitkultur

Streit ist für Geschwister durchaus aufreibend. Aber Streiten schafft auch Nähe.

Viele Eltern wissen: In ihrer Streitlust, die sie mitunter wie einen Sport kultivieren, sind Kinder nicht anders als kleine Katzen oder Hunde. Trotzdem fehlt dem Zurückgebliebenen etwas, wenn sein Streitpartner nicht da ist.
Im Laufe der Jahre nehmen die Streitigkeiten in ihrer Heftigkeit ab, auch wenn die Grundmuster der Auseinandersetzungen erhalten bleiben.
Konflikte lösen, das lernen Kinder wirklich nur durch Streiten. Für Eltern kann es daher nicht darum gehen, Streit abrupt zu beenden und zu unterdrücken, sondern darum, ihn zu verste-

hen. Ein Kind, das Ärger und auch Hass gegen Eltern und Geschwister ausdrücken darf, erfährt, wie die Äußerung dieser Gefühle zur Veränderung beiträgt und andere, entspanntere Gefühle zum Vorschein bringt. Es erlebt seine eigene Wirksamkeit und entwickelt Selbstbewusstsein.

Es dauert lange, bis Kinder sagen können, dass sie Gefühle haben.

Dass der konstruktive Umgang mit Gefühlen nicht von heute auf morgen erworben wird, ist nahe liegend. Vor allem kleinen Kindern fällt es schwer, Gefühle überhaupt zu steuern.

Oft sind sie ihren Gefühlen hilflos ausgeliefert und erschrecken auch immer wieder darüber, was in ihnen steckt. Erst über die Jahre erwerben sie so viel Distanz zu sich, dass sie – wie die Erwachsenen – Gefühlen einen Platz zuweisen und sie relativieren können. Sie können diese Entwicklung nicht mit Strenge oder Zwang unterdrücken, aber Sie können ihr einen haltenden und bejahenden Rahmen geben.

Dann erst kann der Umgang mit ihnen gelernt werden und sie können sich verwandeln.

Viele Streitereien und ebenso viele gelungene Auseinandersetzungen sind nötig, bis Kinder sich eine konstruktive Streitkultur und die Achtung vor den Interessen und Gefühlen des anderen zu Eigen machen.

Kinder *haben* nicht eine Wut oder eine Angst, sondern sie *sind* dieses Gefühl mit ihrer ganzen Person.

Rivalität unter Geschwistern

- Interessenkonflikte unter Menschen, die tagtäglich zusammenleben, sind fast zwangsläufig.
- Geschwisterrivalität folgt einem Naturgesetz und ist unabwendbar.
- Tiefer reichende Ursachen für anhaltenden Geschwisterstreit liegen unter Umständen in den Geschwistern selbst begründet. Hier liegt dann eine temperaments- oder wesensbedingte Unverträglichkeit vor.

Loben Sie die Stärken Ihrer Kinder!

Es ist hilfreich, wenn Eltern mitbekommen, was die Kinder im Laufe ihres Schul-/Kindergartentages erlebt haben. Darüber zu reden, hilft, schwierige Gefühle zu verarbeiten. In solchen Situationen sind Kinder gut erreichbar, auch für Vorschläge der Eltern, und sie merken, das das Äußern von Gefühlen und das Verstanden-Sein zur Problembewältigung beiträgt.
Eltern können ihren Kindern wahrnehmen helfen, dass jedes Kind einzigartig ist und den Austausch über sein individuelles Erleben braucht. Eltern dürfen auch Gemeinsames und Gleich-Sein verstärken, wo es dem Zusammenhalt gut tut, solange sie die Einzigartigkeit nicht nivellieren.
Spielen Sie Ihre Kinder auf keinen Fall gegeneinander aus! Vermeiden Sie Vergleiche. Entdecken und loben Sie die Stärken! Richtig fördern statt überfordern ist eine Kunst. Eltern sind gerecht, indem sie jedes Kind nach seinen Fähigkeiten und seinem Entwicklungsstand fördern und fordern.
Alters- oder wesensbedingte Unterschiede im Umgang mit den Kindern sollten auf Nachfragen erklärt werden. Eine begründete Bevorzugung kann berechtigt sein und wird Kindern einleuchten, wenn Sie mit ihnen darüber sprechen.

In einer Familie sind alle miteinander verwandt, haben jedoch unterschiedlich starke Beziehungen zueinander.

Eltern müssen immer wieder klare Grenzen setzen

Wenn Eltern in einen Streit eingreifen, sollten sie ihn nicht nur beenden, sondern später, wenn die Kinder dafür offen sind, auch darüber reden.
Lassen Sie sich erzählen, was passiert ist. Jeder soll seine Version berichten und von sich und nicht über den anderen sprechen. Lassen Sie die Kinder selbst verhandeln und darüber wachen, dass die Regeln eingehalten werden. Oft kommt es zu brauchbaren Vereinbarungen.

Ständiges Quälen und Dauer-Ärgern sind verboten. Das gilt für alle!

Grundregeln der Streitkultur

- Der Größere hat eine gewisse Verantwortung für den Kleineren, je größer der Altersabstand, desto mehr.
- Bei einem gelingenden Streit darf es weder Schuldige noch Sieger oder Verlierer geben.
- Streitregeln sollten in »Ich-Form« formuliert werden, wie »Ich ziehe nicht an den Haaren«.
- Ein »Zauberwort« macht im Streitfall deutlich, dass die persönliche Schmerzgrenze erreicht ist. Der Streitpartner muss dann sofort aufhören, ähnlich wie beim Kampfsport, wo der Unterlegene auf die Matte klopft.

Goldene Regel: »Was du nicht willst, dass man dir tu', das füg' auch keinem andern zu.«

Größere Kinder können viele Konflikte selbst bewältigen. Bei lautstarken verbalen Streitigkeiten genügt es, wenn die Eltern im Hintergrund ein Auge auf die Rivalen haben. So erfahren Kinder, dass sie Konflikte aus eigener Kraft beilegen können. Körperliche Auseinandersetzungen sind okay, wenn sich die Kinder auf Grundregeln einigen, siehe Kasten oben. Eltern sollten die Einhaltung dieser Vereinbarungen kontrollieren. Je freundlicher die elterliche Streitkultur, desto seltener ist bei den Kindern Gewalt im Spiel. Denn ruppig ausgetragene Streitereien hinterlassen Verwundungen.

Eltern bestehen immer wieder auf einer Wiedergutmachung oder Entschuldigung. So zeigen sie, dass sie ständige Aggression nicht dulden. An ihren Regeln können sich die Kinder reiben und entwickeln so mit dem Gewissen auch eine Schlaghemmung. Ganz wichtig ist der Zeitpunkt einer Aussprache. Erzwingen Sie keine vorzeitige Lösung. Vertrauen Sie darauf, dass sich am Ende eine Lösung gestaltet, mit der alle leben können. Kinder verfolgen Streitereien meist sehr aufmerksam, wobei sie das »Wie« mehr interessiert als das »Worüber«. Sie konzentrie-

ren sich kaum auf den Inhalt des Disputs, sondern wie miteinander verhandelt wird.
Positives Streiterleben in der Familie macht stark und gibt Gewissheit, dass sich der Einsatz für eigene Bedürfnisse lohnt. Alle Familienmitglieder sollten in die Erarbeitung von (Streit-) Regeln einbezogen werden. Dann werden sie leichter akzeptiert. Zum Familienrat und seiner Funktion lesen Sie S. 128.

Sorgen Sie für Ventile zur Aggressionsabfuhr

Kinder untereinander sollten Kraftausdrücke einsetzen dürfen und auch das Rollenspiel als Ventil nutzen: Hier wird geschossen, operiert, eingesperrt oder gar totgeschlagen. Denken Sie daran: Was das Kind da spielt, tut keinem weh! Es hilft ihm, mit seinen Gefühlen umzugehen, aus einer erlebten Ohnmachtsituation in eine andere Rolle zu finden. Sie entlasten das Kind, wenn Sie ihm die Berechtigung seiner Wut bestätigen, denn manchmal erschrecken die Kinder über eigene Gefühle und müssen sich erst wieder vergewissern, dass alles gut, dass nichts passiert ist.

Kraftausdrücke und Schimpfwörter gegen Erwachsene sind tabu, schließlich benutzen die Eltern das Vokabular auch nicht ... (?)

Wann sollten sich Eltern bei Streitigkeiten einmischen?

- wenn grobe körperliche und seelische Verletzungen zu entstehen drohen,
- bei deutlicher Unterlegenheit eines Streitpartners,
- beim allzu mächtigen Auskosten eines Sieges,
- bei Hänseleien, die auf körperliche, sprachliche oder motorische Schwächen zielen,
- wenn sich eines der Kinder selbst gefährdet,
- wenn es für das Elternteil nicht mehr auszuhalten ist.

Gelingende Streitkultur braucht einen Rahmen

Wir können nicht alles jeden Tag neu und »von vorn« aushandeln.

Zur Streitkultur gehört auch, dass Eltern einen Rahmen setzen, in dem das »Ereignis Familie« stattfindet. In einem Familienhaushalt leben Menschen mit unterschiedlichen Bedürfnissen zusammen. Sie haben ihre Interessen und Bedürfnisse und müssen vieles regeln, von Schlaf- und Essenszeiten über den Speiseplan bis zur Hausarbeit. Wie die Regeln auch lauten: Kinder und Erwachsene müssen versuchen, sie einzuhalten. Das ist keine autoritäre Prinzipienreiterei, sondern enorm wichtig für die Organisation des Zusammenlebens. Kinder lernen so, dass mitmenschliches Leben an gemeinsam vereinbarte Regeln gebunden ist – und diese Regeln bewirken Grenzen, die sie tagtäglich erfahren. Sie gelten für alle und müssen sich immer wieder den Bedürfnissen in der Familie anpassen.

Was Eltern tun und was sie besser nicht tun sollten

Wenn elterliche Emotionen hochkochen, warum sollen sie keinen gesteuerten Ausdruck finden? Das Kind merkt dann, woran es ist.

Eltern können lautstark einer Sache Nachdruck verleihen oder mit der Faust auf den Tisch hauen, um sich Gehör zu verschaffen, vorausgesetzt, dass sie nicht kopflos dabei werden. Zu viele Worte oder die Pädagogisierung der »Fehlhandlung« sind selten hilfreich. Das Vormachen der Eltern und das Nachahmen der Kinder führen weiter. Damit Absprachen tragen, müssen sie eingeübt werden, bis sie als eingeschliffen gelten können. Schauen Sie Ihrem Kind in die Augen, und halten Sie die Klärungssituation aufrecht, bis Ihre Worte vom Kind aufgenommen werden. Loben Sie es, sobald es einer Aufforderung folgt oder von sich aus Verantwortung übernimmt. Lassen Sie Ihr Kind hin und wieder gesetzte Grenzen ausreizen. So erfährt es die Widerständigkeit der Realität als Herausforderung, die seine Entwicklung anstößt. Die Familie ist für den kleinen Gipfelstürmer ein Zwischenlager am Fuße des »Berges Leben«.

Regeln dienen der Orientierung

- Stellen Sie nur Regeln auf, die Sie auch selbst befolgen.
- Drohen Sie nicht an, sondern klären Sie über die Konsequenzen, die bestimmtes Verhalten der Kinder nach sich zieht, rechtzeitig auf.
- Machen Sie das Warum deutlich.
- Kündigen Sie nur solche Konsequenzen an, die Sie umzusetzen bereit sind.
- Stellen Sie nur Regeln auf, die Sie auch durchsetzen wollen!
- Machen Sie sofort darauf aufmerksam, wenn Vereinbarungen nicht eingehalten werden, und lassen Sie die vereinbarten Konsequenzen dann auch eintreten.

Sollten Sie sich im Eifer eigener Empörung einmal nicht an diese Vorsätze halten, nehmen Sie sich die Freiheit, ausgesprochene Drohungen zurückzunehmen. Kinder spüren, ob es uns um das Einhalten von Grenzen oder um das Durchsetzen von Macht geht.

Werterhaltung – Wertekultur – Sinnvermittlung

Werte im Erziehungsalltag

Wollen Sie Ihre Werte und Normen auf die Kinder übertragen oder die Kinder darin unterstützen, eigene Werte und Normen zu entdecken? Oder denken Sie, dass Werteerziehung eher ein Prozess in der Beziehung zwischen Menschen ist, die es gemeinsam schaffen wollen?

Kinder wollen Werte und Haltungen nicht als richtig oder falsch präsentiert bekommen, sondern sie in der Auseinander-

Was bedeutet für Sie Werteerziehung? Was können Sie tun, damit Kinder ein Gespür für echte Werte entwickeln?

setzung mit den Eltern und Gleichaltrigen »aus den Rippen schwitzen«. Auf der Suche nach Identität bewegen sie sich im Spannungsfeld von Wahrhaftigkeit und Lüge, Liebe und Sexualität, Arbeit und Muße, Mensch und Natur, Wahrheit und Wirklichkeit, und immer schwingt die Frage nach der Menschenwürde mit.

In jeder Familie findet bewusste oder unbewusste Wertevermittlung statt. Die Werte können eine beflügelnde, aber auch eine beeinträchtigende Wirkung haben. Kinder übernehmen sie oder lehnen sie ab, lernen die Werte anderer Menschen kennen und machen eigene Erfahrungen: Zwischen diesen Polen finden sie zu einem eigenen Wertegerüst.

Eltern ohne eigenes Wertesystem sind für Kinder und Jugendliche bedeutungslos. Sie können weder begrenzen noch unterstützen. Sie lassen ihr Kind allein, denn es spürt, dass die Eltern kein Bezugssystem haben, von dem aus sie Verantwortung übernehmen, und nicht entscheiden können, was sie für richtig oder falsch halten.

Das Recht der Eltern auf unterschiedliche Werte

Kinder akzeptieren sehr wohl, dass Eltern unterschiedliche Wertvorstellungen haben.

Eltern haben ein Recht darauf, ihre Überzeugungen einzubringen, und dürfen von ihren Kindern verlangen, dass ihre Werte respektiert werden. Aber auch die Kinder haben das Recht, mit ihren Bedürfnissen berücksichtigt zu werden.

Das Kind ist Teil eines Netzwerkes von Prozessen und sieht sich in ein System eingebettet: Einerseits brütet Familienkultur Kinder aus, die sich an den Vorgaben der Eltern orientieren. Andererseits bestimmt auch das einzelne Kind die Familienkultur und folgt eigenen Wünschen.

Zwischen diesen Polen entwickelt sich im Kind eine Haltung, die spannungsreiche Widersprüche im eigenen Dasein aushalten und austragen kann, um sie zu hilfreichen Werten zu machen.

Identifikation mit dem Kind und seinem (Fehl-)Verhalten

Der kleine Einzelfall

Ein Kind ist mit seinem Vater in der Stadt unterwegs und packt beim Laufen Bonbons aus. Das Papier lässt es einfach zu Boden fallen. Der Vater scheint nichts zu bemerken.
Eine Frau spricht das Kind freundlich an und verweist auf den nahen Abfallkorb. Daraufhin fährt der Vater die Frau unwirsch an, was sie das überhaupt angehe! Er wehrt ihren Hinweis als Einmischung in private Angelegenheiten ab. Wahrscheinlich ist er der Meinung, so sein Kind schützen zu müssen. Tatsächlich unterstützt er es in seinem Fehlverhalten. Möglich ist auch folgender Gedanke: Der Vater selbst fühlt sich indirekt von dieser Frau kritisiert, da er keinen Einfluss auf sein Kind genommen hat. Vor der Frau wollte er das nicht eingestehen.
Ein nachdenklicher Vater spürt, dass er seinem Kind keine Hilfe war. Die Situation korrigiert er, indem er die Worte der Frau aufgreift und bestätigt. Sein Kind fordert er auf, das Papier aufzuheben und in den Abfallkorb zu werfen. Für das Kind wird das kein Problem sein.

Das Beispiel auf dieser Seite wirft Fragen auf.
Was meinen Sie?

- Dürfen Eltern ihren Kindern zeigen, wie sie mit eigenen Vorstellungen und Werten in ihrem Leben umgehen?
- Dürfen sie sichtbar machen, dass sie manchmal an den eigenen Ansprüchen scheitern?
- Darf die Eltern-Kind-Beziehung auch auf den Aspekt bauen, dass beide Suchende sind?
- Und darf sich daraus so etwas wie Generationen übergreifende Solidarität entwickeln?

Ideale und Alltagshandeln

Natürlich wird es Eltern schwerer fallen, ihre Ideale im Alltag zu verwirklichen, wenn es ihnen schlecht geht.

Ein Vater nimmt sich z. B. vor, wenn eine bestimmte Situation erneut auftritt, diese sachlich anzusprechen und zu klären. Die Situation tritt ein, aber kurz zuvor hatte er Krach mit dem Chef, und plötzlich sind alle guten Vorsätze dahin. Sie sehen: Wir müssen großzügig mit uns sein, die Kinder sind es auch. Wir können deshalb aber nicht auf Vorsätze verzichten.

In jeder Familie gibt es Ungerechtigkeiten. Elterliche Liebe ist niemals so, dass sich alle gerecht behandelt fühlen. Eltern können sich noch so bemühen, fair zu sein – wie ein Kind die Situation erlebt, kann von der Vorstellung der Eltern weit abweichen. Empfinden ist und bleibt eine subjektive Sache. Gerechtigkeit findet man deshalb nicht unbedingt über den Weg der Gleichbehandlung.

Bleiben Sie gelassen. Die Familie ist ein dynamisches System und muss ihre Balance-Findung als offenen Prozess gestalten. Gut wenn sich das an einem positiven Kontext ausrichtet.

Regeln für Eltern, wie Kinder sie aufstellen würden

- Verwöhne mich nicht. Ich weiß, dass ich nicht alles bekommen kann, und will dich nur auf die Probe stellen. Dein führendes Nein stärkt meine innere Haltung.
- Hab keine Angst, im Umgang mit mir standhaft zu bleiben. Mir ist lieber, wenn ich dann weiß, worauf ich mich beziehen kann.
- Hindere mich daran, schlechte Angewohnheiten anzunehmen. Ich muss mich darauf verlassen können, dass du sie schon in den Ansätzen erkennst.
- Weise mich nicht im Beisein meiner Freunde zurecht. Wenn es sein muss, tu es bitte möglichst respektvoll. Demütige mich nicht!

- Sei nicht fassungslos, wenn ich sage, ich hasse dich. Ich hasse nur deine Macht, meine Pläne zu durchkreuzen.
- Lass mich meine eigenen Erfahrungen machen, wenn ich die Folgen meines Tuns selbst übersehen kann.
- Kümmere dich nicht zu viel um meine Wehwehchen. Sie verschaffen mir manchmal die Zuwendung, die ich brauche.
- Nörgle nicht. Sonst stelle ich mich aus Selbstschutz taub.
- Mach keine falschen Versprechungen. Ich fühle mich schrecklich im Stich gelassen, wenn du sie brichst.
- Mach mir Mut, Neues auszuprobieren!
- Lebe mir vor, die Dinge selbstständig anzugehen.
- Lobe mich auch bei Versuchen, mich selbst zu versorgen.
- Lass mich meine Freunde selbst wählen und mach sie nie schlecht. Unterstütze mich, wenn du Schwierigkeiten in Freundschaftsbeziehungen siehst.
- Sei froh, wenn ich mich eigenständig mit den Geschwistern auseinandersetzen will. Schlichte niemals einen Streit, indem du alle Parteien mit deiner Autorität niederbügelst. Lebe mir vor, dass Partnerschaft und Beziehung Freude machen.
- Stelle mir Aufgaben, die mich fordern, aber nicht unter-/überfordern.
- Wirf nicht gleich das Handtuch, wenn du auf Schwierigkeiten stößt. Ich brauche dein Ausprobieren mit Biss und langem Atem als Vorbildhandeln.
- Mach Fehler und zeige mir, dass sie weiterhelfen und keine Katastrophen sind.
- Sei stolz auf mich, wenn ich dich mit Fragen bombardiere. Lass mich ruhig wissen, dass es auch für dich Dinge gibt, die dir Sorgen machen.
- Traue mir zu, dass ich Enttäuschungen und Schmerzen aushalten kann.
- Denk bitte nicht, es wäre unter deiner Würde, dich bei mir zu entschuldigen. Eine ehrliche Entschuldigung lässt mein Vertrauen wachsen.

- Wenn ich mit Fragen zu dir komme, nimm dir bitte Zeit und nimm sie ernst. Sonst wende ich mich damit nicht mehr an dich.
- Sag nicht, meine Ängste seien albern. Für mich sind sie echt wie alle meine Gefühle. Hilf mir, sie zu beruhigen, indem du versuchst, sie zu begreifen.
- Vergiss bitte nie, wie schnell ich aufwachse, und halte Schritt.
- Tu nicht so, als ob du perfekt und unfehlbar wärst. Was, wenn ich dir glauben würde?

Die Geschwister

Geschwisterbeziehungen entstehen dort, wo sich täglich neu Situationen herausbilden, die der Klärung bedürfen.
Wie mit solchen Konflikten, Spannungen und Kontroversen umgegangen wird, bestimmt auch die Beziehungen im Innern der Familie. In diesem Kapitel erfahren Sie in vielen Fallbeispielen, welche Kräfte im Geschwisterverhältnis wirken, wie Eltern-Kind-Bündnisse entstehen und sich auflösen und wie die Abnabelung vom Elternhaus gelingt.

Besonderheit der Geschwisterbeziehung

Geschwister *müssen* miteinander leben, ob sie wollen oder nicht.

Eltern haben oft verklärte Vorstellungen von Geschwisterverhältnissen. Sie träumen von der großen Geschwisterliebe – von der Liebe ohne Vorbehalt. Im Alltag aber treffen Wunschbild und Realität aufeinander, und es ist unmöglich, sich dem zu entziehen. Alle Geschwisterbeziehungen sind auf bestimmte Weise und zu bestimmten Zeiten von Natur aus schwierig. Streit unter Geschwistern gibt es einfach, egal, ob man es abstreitet und unterdrückt, versteht oder akzeptiert. Geschwister können sich nicht aussuchen. Wen wundert es da, dass sie sich oft im Weg sind und um den besten Platz in der Gunst von Vater oder Mutter konkurrieren? Wozu also fordern wir mit erwartungsvollen Worten: »Sie/Er ist doch dein/e Schwester/ Bruder!«, dass sie ein Herz und eine Seele sind?
In der Bibel, in Märchen, Erzählungen, Romanen und ebenso in Kinderbüchern sind immer wieder Geschwisterkinder die entscheidenden Akteure. In diesen Geschichten werden tiefe, menschliche Gefühle nachgezeichnet. Geschwisterbeziehungen sind von ambivalenten Gefühlen begleitet. Vielleicht sollten wir zunächst einsehen, dass sich unsere Kinder nicht einfach mögen, nur weil sie Geschwister sind. Aber sie können mit unserer Hilfe oder durch eigenes Aufeinander-Zugehen innige Gefühle füreinander entwickeln, obwohl sie Geschwister sind. Geschwister sind sich untereinander Spielgefährten, beste Freunde, Vertraute sowie Verbündete im Umgang mit den Eltern. Das schwingende Pendel versteht Gleichheit und Verschiedenheit nicht als unvereinbar. Zum Prozess der gegenseitigen Anerkennung gehört stets die paradoxe Mischung aus Anderssein und Zusammensein. Geschwister muten sich einander rücksichtslos mit allen ihren Persönlichkeitsfacetten zu. Im Geschwisterverhältnis ist jedes Kind gezwungen, wenn es die anderen für etwas braucht, sie zu gewinnen und die Interessen mit ihnen auszuhandeln.

Persönliche Erfahrung und Familiengeschichte

Aus den gemeinsamen Erfahrungen und dem gemeinsamen erworbenen Wissen entsteht eine persönliche Geschichte, die im Laufe der Jahre immer wieder Bezugspunkt wird. Dabei sind die Geschichten der Geschwister nicht identisch. Trotzdem entsteht so etwas wie Familienethos und gemeinsame Erinnerungen, die jenseits aller individuellen Erfahrungen das Fundament geschwisterlichen Erlebens bleiben.
Mit Geschwistern zu leben ist ein Leben zwischen Himmel und Hölle, zwischen Unglück und Glück, ein Hin und Her zwischen akuten Krisen und wertvollen, erfüllenden Momenten.
Verleugnung der Komplexität wird dem vielschichtigen Erleben der Kinder nicht gerecht. Elterliches Bemühen, negative Gefühle mit Argumenten oder durch Strafe auszuradieren, führen nicht weiter. Sie haben eher einen gegenteiligen Effekt. Unterdrückte Gefühle bahnen sich flugs ungesehen ihren Weg und treffen irgendwann doch wieder auf das Geschwisterkind.

Eltern können nicht jede Situation reglementieren.

Wenn man Geschwistern etwas im Umgang miteinander raten möchte, kommen ausschließlich Empfehlungen mit scheinbar widersprüchlichen Botschaften zum Vorschein, die unvereinbar scheinen: »Haltet zusammen, aber verkriecht euch nicht vor der Welt! Spielt und arbeitet miteinander, aber macht euch nicht voneinander abhängig. Bringt Anregungen, Ideen und Impulse mit ein, aber werdet nicht rücksichtslos! Seid offen und wertschätzend, aber vertretet euren Standpunkt! Messt euch ruhig aneinander, aber dominiert die anderen nicht! Zeigt eure Größe, aber macht die anderen nicht klein. Seid treu und solidarisch miteinander, aber setzt ruhig auch mal eure Interessen durch. Bedenkt eigene Möglichkeiten, aber nutzt die anderen nicht aus!«
Welch ein Schatz an hoch verdichtetem Erfahrungswissen wird hier transportiert! Es lehrt die Kinder sensibel, feinste Nuancen zu unterscheiden.

Geschwister kennen sich sehr genau.

Das Besondere der Geschwisterbeziehungen:

- Geschwisterkinder leben über viele Jahre existenziell verbunden in großer Nähe und räumlicher Dichte.
- Sie sind, wie die Eltern, für immer ein Teil voneinander.
- Sie erfahren und verinnerlichen dieselben Familienregeln, Normen, Mythen und Rituale.
- Geschwister sind die vertrautesten Verwandten.
- Geschwister haben intime Kenntnis voneinander.
- Oftmals haben sie eine gemeinsame Sprache, Codes, Symbole.
- Sie haben einen schnellen Wissens- und Gefühlsaustausch, sie verstehen und verständigen sich buchstäblich ohne Worte, quasi blind.
- Oftmals gibt es speziell gehütete Familiengeheimnisse.
- Sie haben gemeinsame Erinnerungen, die verbinden.
- Selbstdefinition und Identitätsfindung, Ausdifferenzierung von Persönlichkeit und Geschlechterrollen ereignen sich in der Auseinandersetzung mit den Geschwistern.
- In Familien mit hoher Mobilität bleibt das Miteinander der Geschwister konstant.
- Geschwister suchen sich im Alter und geben sich oftmals noch einmal Halt.

Der Platz in der Reihe prägt

Ob wir mit Geschwistern aufgewachsen sind, welche Position wir in der Geschwisterreihe haben, ob wir Schwestern oder Brüder haben, welche Rollenverteilungen es zwischen uns und unseren Geschwistern gab, all das prägt uns für ein ganzes Leben. Geschwister teilen dieselben Eltern, dieselbe Wohnung, besitzen ähnliche Dinge, wie Möbel, Kleidung, Spielzeug. Die Summe dieser Besonderheiten trägt offenbar dazu bei, dass sich Geschwisterbindungen von anderen sozialen Beziehungen unterscheiden. In mancher Hinsicht verlaufen sie unreflektierter, automatischer, und erweisen sich als urwüchsiger, enger, tiefer und spontaner. Geschwister verbringen mehr Zeit miteinander als mit den Eltern: Einjährige haben mit ihren älteren Geschwistern etwa genauso viel Austausch wie mit ihren Müttern. Geschwister im Alter von drei bis fünf Jahren sind die doppelte Zeit zusammen.

Auswirkungen von Geschwisterkonstellationen

Geschwister lernen früh, sich zu arrangieren.

In jeder Familie sind Rollen vorgegeben, dadurch bedingt, dass Geschwister nacheinander zur Welt kommen, also einen Altersabstand haben und Mädchen oder Buben sind. Ich habe die Erfahrung gemacht, dass diese Gegebenheiten zwar durchaus Bedeutung haben, aber nicht lebensbestimmend sein müssen. Brüder und Schwestern profitieren voneinander. Weil sie darauf angewiesen sind, sich zu arrangieren, lernen sie früh, wie man Konflikte lösen, Aggressionen kontrollieren und Kompromisse finden kann. Schließlich spielen auch der Erziehungsstil, die Wertvorstellungen der Eltern, der Umgang untereinander, die Erwartungen der anderen Familienmitglieder im Hinblick auf ein Kind und auch die eigenen inneren Bedingungen des Kindes selbst neben den charakterlichen Vorgaben, wie z. B. das Temperament der einzelnen Kinder, prägende Rollen.

Die Bedeutung der Familie

Ohne Zweifel ist die Familie für die Entwicklung und das Werden der Persönlichkeit eines Geschwisterkindes von großer

Bedeutung. Doch ist es wirklich möglich, ein so komplexes, vielfach beeinflusstes und sich sehr lange entwickelndes Wesen, wie es der Mensch ist, auf so wenige Kriterienmerkmale wie Geschwisterposition und Rollenvergabe durch die Eltern, Bindungs- bzw. Beziehungsqualität in der Familie oder einfühlende und unterstützende Kommunikation zurückzuführen? Zu vielschichtig ist das Beziehungsgefüge in einer Familie. Deshalb gilt es, die gesamte Familie zu betrachten, den Altersunterschied der Kinder untereinander, das Alter, in dem die Eltern die Kinder bekommen, die Anzahl der Kinder usw.
Dennoch ist es sinnvoll, die Verhaltensmuster der Kinder in Verbindung mit der Geschwisterkonstellation zu bringen und die eigene Rolle als Eltern dabei zu überdenken. Dabei dürfen Annahmen zur Kategorienbildung aber auf keinen Fall als starre Einteilungen verstanden, sondern sollten als flexible Orientierungsmuster betrachtet werden. Sinnvoll ist auch, die innere subjektive Haltung der Kinder dabei zu beachten.

Kinder suchen sich instinktiv Nischen in der Familie.

Geschwister sind nicht von vornherein darauf aus, sich in Gefühlen, wie sie um den Eifersuchtskontext herum entstehen, also etwa Ärger, Wut, Furcht, zu verlieren. Sie suchen sich instinktiv verschiedene Nischen in der Familienstruktur und sichern sich auf diese Weise die Zuwendung der Eltern. Dabei entfalten sie hohes Geschick und zeigen sich sehr flexibel. Obwohl sie aus der gleichen Familie kommen, setzen sie unterschiedliche Akzente und verringern so Angriffspunkte für Rivalität. Kinder sind froh, wenn Eltern dieses Bemühen, Geschwisterrivalität vermeiden zu wollen, erkennen. Sie sind dankbar, wenn die Eltern ihnen dabei helfen, den Fluss geschwisterlicher Beziehungen so einzubetten, dass der Fluss insgesamt seinen Weg findet und die ungleichen Fließarme immer wieder abschnittsweise zusammenfinden. Einige Sonderrollen wollen wir genauer betrachten. Die Kenntnis um die Mechanismen, die zu Geschwisterrivalität führen, ist für Eltern wichtig und tröstlich zugleich.

Der vorbestimmte Platz in der Familie

Das Erstgeborene

Das Erstgeborene ist etwas ganz Besonderes und wird zum Mittelpunkt der Familie. Das eigene Kind wird wie ein Schatz gehütet und ist das Wertvollste, das man sich vorstellen kann. Der ganze Stolz junger Eltern manifestiert sich in diesem kleinen Wesen, es genießt ihre volle Aufmerksamkeit. Die Eltern werden das erste Mal Eltern und möchten deshalb alles besonders gut machen. Es ist ein Schritt in ein unbekanntes Land. Sie müssen herausfinden, wie man mit so einem kleinen Kind umgeht, wie man zu ihm Beziehung aufnimmt, wie Sie Aufgaben teilen wollen oder aufgrund von Sachzwängen aufteilen müssen.

Die elterlichen Erwartungen sind groß. Daher kann es zu großen Enttäuschungen kommen, wenn das Kind den Eltern durch seine Entwicklung nicht bestätigen kann, dass sie »gute Eltern« sind. Vielleicht hatten sich Mutter oder Vater ja eine Tochter statt eines Sohnes gewünscht oder umgekehrt, und das Kind ist Anlass zur Enttäuschung, noch ehe Zeit dafür war, sich gegenseitig kennen zu lernen. Vielleicht ist ja auch Vater ganz besonders stolz auf seinen erstgeborenen Sohn und muss enttäuscht feststellen, dass dieser ständig an Mamas Rockzipfel hängt und schon anfängt zu weinen, wenn Papa nur in seine Nähe kommt. Oder die Frau wird in ihrer Mutterrolle ganz gefordert, und der Mann wird eifersüchtig auf das Kind, weil für ihn und die Partnerschaft keine Zeit mehr bleibt. Viele Variationen sind denkbar.

Wie die Verhältnisse nach der Geburt des Erstgeborenen auch empfunden werden, bleiben Sie als Eltern im gemeinsamen Gespräch und teilen Sie sich gegenseitig mit, was Sie empfinden! Versuchen Sie anfängliche unschöne Entwicklungen abzufedern oder vorsichtig umzulenken, helfen Sie sich täglich bei der Rollenfindung, gestatten Sie sich und dem Kind, jeden Tag »neu« anzufangen.

Gerade in den ersten Monaten mit Ihrem Baby ist es wichtig herauszufinden, wie es Ihnen wirklich geht.

Ich kann mich gut erinnern, wie verzweifelt wir als Eltern waren, wenn unser Paul mal wieder eine Nacht durchgeschrien hatte. Oder wenn ich die bessere Mutter sein wollte und es zu Rollenkonflikten zwischen uns kam. Oder meine Frau umgekehrt lernen musste, ihrem Mann und dem Kind Raum zu lassen, damit die beiden einen Weg finden können. Eine Mutter spürt oft sehr viel schneller, was dem Kind fehlt. Trotzdem ist es wichtig, dass auch der Vater Gelegenheit hat, dies zu lernen, um Sicherheit zu gewinnen. Paul ist bei seiner Mutter auch schneller eingeschlafen als bei seinem Vater. Trotzdem habe auch ich das Kind ins Bett gebracht. Dass Paul auch bei mir in guter Weise in den Schlaf finden lernte, hat uns alle gestärkt. Schwer fiel es uns in der ersten Zeit nach der Geburt, uns als Familie, die wir ja erst noch werden mussten, den Raum für dieses Sich-Finden herauszubrechen und uns von verwandtschaftlichen und freundschaftlichen Ansprüchen freundlich, aber bestimmt abzugrenzen. Natürlich wollten wir das Ereignis und unsere Freude mit den Eltern, Geschwistern und Freunden teilen, aber genauso verspürten wir den Wunsch, uns den Eigenraum zu schaffen, der notwendig ist, um uns zu finden.

Wie grenzt man sich von Ansprüchen der Freunde und Verwandten ab, ohne zu verletzen?

Angesichts der besonderen Herausforderung, die Eltern mit dem Ersten verbinden, halten viele Eltern ihr Erstgeborenes für das Maß aller Dinge. Jeder Entwicklungsschritt wird mit großer Wichtigkeit begleitet und dokumentiert. Im Fotoalbum, im Film und im Entwicklungstagebuch wird sichtbar festgehalten, was das Erstgeborene zu welchem Zeitpunkt schon konnte.

Die Entthronung des Erstgeborenen

Der »paradiesische« Zustand, das einzige Kind zu sein, endet mit dem Hinweis, dass es ein Geschwisterchen bekommen wird. Ist das Geschwister dann da, verdüstert sich der Himmel: Zeit und Aufmerksamkeit der Eltern müssen geteilt werden mit diesem kleinen Geschöpf, mit dem sich nur wenig anfangen lässt. Die erste Zeit mit dem Baby kann belastend sein, und die meisten möchten es am liebsten wieder zurückgeben. Oft werden die Älteren anlehnungsbedürftiger und greifen auf Verhaltensweisen zurück, die sie längst schon abgelegt hatten: Sie möchten wieder einen Schnuller, nässen ein, können sich im Kindergarten nicht mehr von der Mutter trennen … Auch sie brauchen nun besondere Fürsorge und Zeit. Da die Mutter noch viel mit dem Baby beschäftigt ist, kann der Vater die Chance nutzen und sich liebevoll um das erstgeborene Kind kümmern. Haben Erstgeborene sich daran gewöhnt, der oder die Älteste zu sein, übernehmen sie nicht selten die Verantwortung für ihre Geschwister (beispielsweise beim Spielen). Nicht zuletzt, um als Große(r) die Aufmerksamkeit und das Wohlwollen der Eltern zu erhalten, die auf seine bereits geleistete Entwicklung stolz sind. Erstgeborene fühlen sich größer, stärker, klüger als ihre Geschwister. Keine Frage, wer im Kinderzimmer das Sagen hat. Sie rutschen meist in eine dominierende Rolle und bleiben darin, ein Leben lang.

Die Chance des Vaters – Zeit für das Erstgeborene einplanen.

Das Zweitgeborene

Beim Zweiten können dann die dokumentierten Entwicklungsverläufe des Ersten zum Problem werden. Denn gemessen am Entwicklungsstand des Ersten müsste das Zweite dies oder jenes nun allmählich auch schon können … Doch kein Kind kann für das andere der Maßstab sein! Ein gesundes Kind bestimmt sein Tempo selbst und löst anstehende Entwicklungsschritte auf seine Art.

Werden zwei Kinder gleichen Geschlechts rasch nacheinander geboren, verlieren Eltern manchmal den Blick für die Unterschiede und gehen zu wenig darauf ein. Manche Eltern stellen sich vor, es findet einfach das Gleiche noch einmal von vorn statt. Doch das trifft so gut wie nie zu. Deshalb ist es wichtig, dass sich Eltern Zeit nehmen, um den Kindern zuzusehen. So lässt sich am leichtesten erleben, dass das Zweite weder eine Kopie des Ersten ist noch alles nachmacht, was das Erste vor-

Ständige Vergleiche führen nur zu Benachteiligungen.

macht. Höchstwahrscheinlich entwickelt sich das Kind in einem anderen Bereich dafür schneller als das andere – und Eltern werden sich dann nicht sorgen, sondern stolz darauf sein. Nutzen Sie den eigenen, gesunden Menschenverstand und vertrauen Sie Ihrem angeborenen Instinkt, anstatt in irgendwelchen Tabellen oder Entwicklungsdokumentationen des Geschwisterkindes nachzuforschen und sich selbst und dem Kind unnötigen Stress anzutun.

Vertrauen Sie sich und Ihren Kindern! Sagen Sie ihnen, wenn Sie stolz auf sie sind.

Lassen Sie Ihre größeren Kinder öfter einmal spüren, wie stolz Sie auf sie sind und vergleichen Sie die Kinder nicht im Sinne von: »Grete konnte viel schneller und deutlicher sprechen als Franz.« Bestätigen Sie Ihren Großen ruhig darin, was er schon alles kann. Wenn das ältere Geschwisterkind einen entsprechenden Altersvorsprung hat, können Sie es auch einmal darum bitten, etwas für das Jüngere zu tun. Ist das Zweitgeborene so groß, dass es sich eigenständig bewegen kann, denken Sie bitte daran: Auch das erstgeborene Kind braucht Schutz und Verständnis. Wenn das Baby sich immer wieder ungeniert am Spielzeug des Größeren bedient, sind die Eltern aufgefordert, Grenzen zu setzen. Stattdessen nur an die Vernunft und das Verständnis des Größeren zu appellieren, lässt einen Konflikt zwischen den Kindern entstehen, der sich verfestigen kann. Das ältere Kind fühlt sich nicht angenommen und entwickelt die Vorstellung, dass seine Gefühle keine Berechtigung haben.

Das erste Lebensjahr: Ein volles Programm

Denken Sie daran, was auf dem täglichen »Lehrplan« eines kleinen Kindes steht, wenn es auf die Welt kommt. Es muss sich in einer neuen Umgebung, die sich von der bisherigen Lebenswelt im Bauch der Mutter vollkommen unterscheidet, zurechtfinden lernen, neue Sicherheit und Selbstgewissheit gewinnen und Vertrauen in die neue Umgebung entwickeln. Es muss mit seinen fünf Sinnen Reize einschätzen und wiedererkennen lernen, sich mit Reizen von außen und von innen vertraut machen. Es soll aus unwillkürlichen Bewegungen im Laufe der Zeit zielgerichtete, willentlich gesteuerte Eigenaktivitäten entwickeln. Im Zentrum der ersten Erfahrungen steht die Körpererfahrung: Die Welt mit allen Sinnen wahrnehmen und begreifen lernen, auf die Welt reagieren lernen – bis hin zu differenzierter Bewegungsplanung –, Reaktionsfähigkeit und soziale Verhaltensweisen entwickeln, aufgrund von Lautstärke und Tonqualitäten begreifen lernen, was gemeint ist, wie es gemeint ist, und von wo es kommt. Ruft die Mama aus der Küche, aus dem Bad oder ist sie nebenan im Wohnzimmer? Wie oft fällt ein Kind hin, bis es laufen kann? Wie oft krabbelt ein Kind rückwärts, obwohl es nach vorne möchte, wie oft grabscht es nach dem Geschwister und tut ihm weh, bis es ein Gefühl dafür bekommt, was eine zärtliche Berührung ausmacht.

Oft findet das Lernen über Versuch und Irrtum statt und über ständige Wiederholung.

Kinder sind überfordert, wenn sie all das mitbedenken sollen, was wir vorausschauend übersehen. Sie sind darauf angewiesen, dass wir großzügig mit ihnen sind, Geduld aufbringen und ihnen immer wieder alles erklären. Wut auf das $1\frac{1}{2}$jährige Kind, das die kleine Vase umgeworfen hat, macht wenig Sinn, noch weniger eine Strafe dafür. Nur so kann das Kind handelnd lernen und be-greifen. Be-greifen hat in diesem Alter ganz viel mit Erfahrungen von Nach-etwas-Greifen zu tun. Erwachsene denken in der Regel, dass jeder Streit einen Verursacher hat, der das mit Absicht macht, aber das stimmt so nicht. Kinder wollen nicht wehtun. Den Kleinen fehlt einfach das notwendige Erfahrungswissen, um es richtig zu machen. Sie haben noch zu wenig Gespür für sich selbst und für die Konsequenzen ihres Verhaltens. Kinder leben noch ganz in ihrer eigenen Welt und sind überrascht, wenn sie damit Ärger verursachen. »Tobias, du hast aus lauter Neugier deiner Schwester Mareike ins Auge gegriffen, merkst du, das hat ihr ganz schön wehgetan, das darfst du nicht machen, sonst muss sie weinen, und außerdem wird sie dann zornig.«

Wir müssen den Kindern Zeit lassen.

In einem weiteren Entwicklungsstadium entdecken die Kinder dann ihre eigene Wirksamkeit und wollen ihre Macht auch einsetzen. Es dauert eine Zeit, bis Kinder verstehen, wozu das führt, wenn sie ihre Macht einsetzen, anstatt abzuwägen, ob es sich lohnt, die dabei entstehenden Konsequenzen auf sich zu nehmen oder ob es nicht besser ist, sich zurückzunehmen oder kompromissfähig einzulenken.
Das ist für die Eltern aufreibend, besonders dann, wenn aggressive Verhaltensweisen wie Schubsen, Wegnehmen, Beißen, Kratzen, Treten … damit verbunden sind.

Kinder lernen in den alltäglichen Auseinandersetzungen …

Der 3 1/2-jährige Frank und sein Babybruder Jonas

Frank hat ein Geschwisterchen bekommen. Während der Schwangerschaft ließ er sich überhaupt nicht auf die kommende Situation einstimmen und wollte von dem Baby nichts wissen. Seine Mutter Claudia verlor nie die Geduld. Und tatsächlich begann er sich zu freuen und wurde neugierig. Doch dann kam alles ganz anders. Als das kleine Geschöpf endlich da war, weinte es ständig, durfte im Schlafzimmer der Eltern schlafen und zeigte an ihm überhaupt kein Interesse. Schließlich war der kleine Bruder Jonas schon ein paar Monate auf der Welt, und die anfängliche Neugier von Frank hat sich in Ärger und Wut verwandelt. »Wenn ich allein mit ihm bin, dann töte ich ihn«, war eine seiner schlimmsten Aussagen. Die Mutter übte sich in Gelassenheit und fragte ihn, was ihn so ärgert. Darauf er: »Der will ja immer nur was von dir, mit dem kann man ja gar nicht spielen, der kann ja noch nicht einmal laufen!« »Hättest du denn gerne mit ihm gespielt?«, fragte die Mutter zurück. Als Frank stumm nickte, nahm ihn seine Mutter tröstend in den Arm: »Er will schon mit dir spielen, aber er kann halt vieles noch nicht. Du bist ja viel größer als er. Wir müssen ein wenig Geduld mit ihm haben.«
Am Abend erzählte sie ihrem Mann Klaus die Geschichte und bat ihn, am Samstag einen Ausflug mit Frank zu machen.

Vielleicht könnten sie mit dem Boot fahren, das Wetter sollte schön werden. Klaus war nicht gerade begeistert von der Idee, schließlich hatte er jede Menge zu tun. Aber ein, zwei Stunden würde er sich schon loseisen können. Als die beiden am Samstag dann mit dem Rucksack loszogen, da sahen sie schon richtig fröhlich aus.

Nach zwei Stunden begann sie ständig mit der Rückkehr ihrer beiden Männer zu rechnen. Schließlich kamen Vater und Sohn gut gelaunt und von oben bis unten mit Dreck bespritzt nach 4 ½ Stunden zurück. »Na, meine Helden, was habt denn ihr angestellt?«, empfing die Mutter die beiden lachend. Doch die schauten sich nur verschwörerisch an und sagten: »Das ist unser Geheimnis«.

... ebenso wie Eltern es auch tun. Es ist eine Kunst, gute Auswege zu finden.

Es stach ihr zwar ein wenig das Herz ob dieses plötzlichen Bündnisses, aber sie freute sich auch und hoffte, dass auch ihr Mann etwas davon in den Alltag retten kann. Ab und an eine Stunde früher nach Hause, das würde beiden gut tun, dachte sie.

Fortan war für Frank klar, er und Vater gehören zusammen. Statt auf den Kleinen warten zu müssen, hatte sich unerwartet eine ganz andere Spielpartnerschaft eröffnet. Ein Glück für beide.

Das Erstgeborene auf das Geschwister vorbereiten

Die Geburt eines Geschwisterchens ist für das erste Kind Freude und Belastung zugleich. Eine gute Vorbereitung hilft ihm, sich in der neuen Situation zurechtzufinden.

Lassen Sie Ihr Kind an der Schwangerschaft teilnehmen: Kann es die Bewegungen im Bauch der Mutter fühlen? Erklären Sie Ihrem Kind, dass ein neues Menschenkind heranwächst.

Erzählen Sie Ihrem Kind von der Zeit, als Sie mit ihm schwanger waren. Zeigen Sie ihm Fotos, wie es selbst als Säugling ausgesehen hat. Betrachten oder lesen Sie mit Ihrem Kind Bücher zu diesem Thema.

Unterstützen Sie den Kontakt zwischen den Geschwistern: Streicheln, in die Augen sehen, singen.

Beteiligen Sie Ihr Kind an der Vorbereitung und an der Babypflege:

- Wo schläft das neue Baby?
- Wo stellen wir die Wickelkommode hin?
- Vielleicht mag es seinen eigenen Teddy wickeln, während Sie den Säugling pflegen?
- Achten Sie aber darauf, dass Ihr Kind nicht zu viel Verantwortung übernimmt.

Zwillinge

Eine besondere Situation entsteht, wenn sich herausstellt, dass statt eines Zweitgeborenen Zwillinge auf die Welt kommen.

Mutter Nadine und die ältere Tochter Heide

Als die Familie drei Jahre nach der Geburt der Tochter Heide Zwillinge bekam, geriet die Welt aus den Fugen. Es gab für Mutter Nadine kaum noch Momente der Ruhe. Die beiden Kleinen verlangten ihr alles ab, die große Tochter ging dabei oft unter. Um die Aufmerksamkeit der Mutter auf sich zu lenken, fing Heide »aus Versehen« an zu »stören«, indem ihr ständig etwas herunterfiel oder sie die Zwillinge ärgerte.
Nadine reagierte immer gereizter, schimpfte mit ihr, schrie sie an, bis ihr sogar einmal die Hand ausrutschte. Das machte sie sehr unglücklich. Sie wollte sich ihrer Tochter mehr widmen, und ihr Mann musste ihr dabei helfen. Das gelang auch.

Feste gemeinsame Nachmittage in der Woche bewirken Wunder.

Mutter und Tochter hatten jetzt einen festen Nachmittag in der Woche, wo nur sie beide etwas Schönes unternahmen, und auch der Vater genoß es, die Zwillinge im Kinderwagen durch den Park zu chauffieren und die bewundernden Blicke anderer Mütter zu spüren, die es prima fanden, dass ein Vater mit seinen Zwillingen unterwegs ist.

Das mittlere Kind

Das älteste und das jüngste Kind haben fest umschriebene Positionen in der Familie. Mittlere Kinder geraten dagegen des Öfteren in Vergessenheit. Sie müssen sich durch die Ankunft von Nummer drei jetzt nicht mehr nur »nach oben« durchsetzen, sondern verlieren auch noch ihren Status als Nesthäkchen. »Sandwichkinder« reagieren oft mit ähnlichen Konkurrenzsymptomen wie das ältere Geschwister. Sie sind Einflüssen von oben, unten und den Eltern ausgesetzt und sind darum oft voller innerer Widersprüche. Oft bleiben sie im Hintergrund und behaupten sich wenig zwischen den Geschwistern. Sie fordern seltener ihre Rechte ein.

Bekommen mittlere Kinder zu wenig Aufmerksamkeit und Lob, werden sie eventuell ungeduldig und aggressiv. Vielleicht ärgern und sticheln sie auch mal nach oben oder nach unten, versuchen quasi als »Mittler« zwischen den Geschwisterwelten, die beiden gegeneinander aufzubringen oder auch mal miteinander zu versöhnen.

Diese Kinder brauchen besondere Ermunterung, ihre Ideen und Wünsche auszusprechen.

Es ist wichtig, ihnen deutlich zu zeigen, dass auch sie etwas Besonderes sind und sie ohne Einschränkung geliebt werden. Bedingt durch ihre Stellung in der Familie sind Mittelkinder oft gute Diplomaten – sie beherrschen die Kunst, Kompromisse zu schließen und zwischen den Geschwistern zu vermitteln. Manchmal, wenn sie in ihrer Familie keinen rechten Platz finden, suchen sie Kontakte außerhalb der Familie und verschaffen sich so die nötige Anerkennung.

Die Mittelgeborenen haben einiges gemeinsam. Sie sind diejenigen, von denen die wenigsten Fotos im Familienalbum zu finden sind. Bei ihnen hat das »Sowohl-als-auch« eine wichtige Bedeutung. Das Dilemma, in das Mittelkinder geraten, ist, dass sie zu spät auf die Welt kamen, um die Privilegien des Erstgeborenen zu genießen, aber auch zu früh, um sich die Freiheiten der Letztgeborenen herauszunehmen. Aber auch hier gilt wie überall, nichts ist gleich.

Die Rolle anders definieren

Es hat auch Vorteile, nicht im vollen Blickpunkt des Interesses zu stehen.

Ein gegengeschlechtliches mittleres Kind muss sich um seine eigene Identität offenbar nicht in dem Umfang sorgen wie eine Schwester zwischen Schwestern oder ein Bruder zwischen Brüdern. Nicht im vollen Blickpunkt des Interesses zu stehen, hat aber auch Vorteile. So werden die gemachten Fehler der Mittleren von den strengen Eltern seltener entdeckt und dadurch weniger an ihnen »herumerzogen«.
An die Position des ältesten und jüngsten Kindes sind altersbedingt Besonderheiten geknüpft. Weil das Älteste mehr Verantwortung übernimmt bzw. übernehmen muss, kann es schnell ungewollt zum stellvertretenden Elternteil für das Jüngere werden. Lassen Sie Ihrem Ältesten trotz bestehender Fürsorgepflichten, die Sie ihm übertragen, genug Freiräume, und nehmen Sie auch die Mittleren in die Pflicht, so wirken Sie einer solchen Gefahr zuverlässig entgegen.

Nesthäkchen

Das jüngste Kind einer Familie genießt meist Sonderstatus. Nicht nur die Eltern nehmen es vor den Geschwistern in Schutz – auch die Geschwister trösten es ihrerseits, wenn es Streit mit den Eltern gibt. Doch mit den Großen können sie auf normalem Wege nicht konkurrieren. Wie kann es ihnen gelingen, aus dem übermächtigen Schatten der Geschwister zu treten? Die Kleinsten finden schnell heraus, wie sie sich verhalten müssen, um an ihr Ziel zu kommen. Im Buhlen um die Gunst der Eltern entwickeln sie so manche Strategie, um Aufmerksamkeit zu bekommen. Oft benehmen sie sich einfach nur auffälliger und vorlauter. Auf der anderen Seite haben es Nesthäkchen nicht leicht: Alles, was sie tun und können, ist in der Familie schon mal da gewesen. Auch wenn ihnen viel Liebe entgegengebracht wird, oft fehlt Lob und Bestätigung. Dafür werden ihnen weniger Grenzen gesetzt. Die Eltern sind durch die Erfahrungen mit den bereits vorhandenen Kindern lockerer

Den jüngsten Kindern werden weniger Grenzen gesetzt.

geworden in der Erziehung, lassen fünfe gerade sein und haben nicht mehr so viel Angst, weil sie es schon viele Male erlebt haben und es bisher gut gegangen ist. Nesthäkchen wird viel geholfen. Einerseits freut sich das Kind darüber, andererseits leidet die eigene Selbstständigkeit darunter. »Das kannst du noch nicht« – ein Satz, den die kleinsten Familienmitglieder oft genug hören. Wenn zu viele Wege vorgebahnt und abgenommen werden, ist es nur noch ein kleiner Schritt zur ungesunden Verwöhnung.

Es heißt, die Jüngsten seien »manipulierend, charmant, prahlerisch und faul«, würden anderen gerne die Schuld geben und hätten ein gewinnendes Wesen. Doch das ist zu einfach. Denn ob Sie als Eltern nun für zwei oder viele Kinder Verantwortung tragen: für keines dieser Kinder muss sich ein besonderer Nachteil ergeben. Versuchen Sie, Aufmerksamkeit, Verantwortlichkeiten und Aufgaben klar, gerecht und altersabhängig zu verteilen, und geben Sie der Individualität jedes Kindes genug Raum, dann gedeihen sie quasi von allein, und die Positionierung spielt kaum mehr eine Rolle.

Wem zu viele Wege abgenommen werden, der wird schnell verwöhnt.

Stiefgeschwister

Wird eine Stieffamilie gegründet, erhält ein Kind nicht nur einen neuen »Elternteil«, sondern manchmal auch Stiefgeschwister. Damit ändert sich unter Umständen nicht nur die Position in der Geschwisterreihe, sondern auch in der Geschlechterfolge. Die Umstellung ist besonders groß, wenn es bisher das einzige Kind in der Familie war. Bei Schwierigkeiten ist nicht nur die zurückliegende Trennung oder Scheidung, sondern auch der Abschied von dieser besonderen Stellung in der Familie zu berücksichtigen.

Sprechen Sie mit ihrem Kind offen über die neue Situation, über seine Ängste und Befürchtungen. Wie geht es dem Kind mit den Geschwistern? Fühlt es sich übergangen? Fühlt es sich ungerecht behandelt?

Suchen Sie immer das Gespräch.

Ihr eigenes Kind muss wissen, dass es ebenso wertvoll ist wie seine Geschwister.

Ihr Kind braucht Ihre Unterstützung. Es ist schwer, plötzlich Geschwister zu haben. Zeigen Sie deutlich Ihre Liebe. Machen Sie Ihrem Kind klar: Das Zusammenleben in einer Stieffamilie ändert nichts an der innigen Beziehung zu ihm.
Das Hinzutreten neuer Geschwister birgt auch Chancen: Das Kind erhält neue Spielkameraden. Es ergibt sich nun die Möglichkeit, sich gegen die Eltern zu verbünden. Oft werden die Stiefgeschwister zu Vertrauten, mit denen man eigene Probleme besprechen kann.
Ein weiteres Kind, das der Stieffamilie entspringt, birgt neue Fragen: Mit dem weiteren Geschwister verknüpfen sich Hoffnungen und Sehnsüchte, die in der neuen Partnerschaft verankert sind, während sich die Hoffnungen der leiblichen Eltern bereits erschöpft haben. Das kann für das mitgebrachte Kind bedrohlich sein. Zeigen Sie ihm Ihre Liebe. Ist es sich seiner Position sicher, kann es eine gute Beziehung zu seinen Halbgeschwistern aufbauen.

Krankes Geschwisterkind

Ich hatte eine junge Frau in Beratung, deren 2 ½ Jahre älterer Bruder zum Zeitpunkt ihrer Geburt an Diabetes erkrankte und viel Zuwendung brauchte. Hier hatte das Zweitgeborene eindeutig das Nachsehen und war weit mehr als altersgemäß auf sich selbst zurückgeworfen. Ähnliche Situationen kenne ich aus der Arbeit mit Familien, die ein herzkrankes Kind auf die Welt gebracht haben, das über Jahre enge Betreuung durch die Eltern braucht, um überhaupt überleben zu können. Für die Geschwisterkinder bedeutet das häufige Abwesenheit der Mutter, weil diese das herzkranke Kind ins Krankenhaus begleitet. Sorgen Sie in einer ähnlichen Situation für Ausgleich, und verschaffen Sie Ihrem gesunden Kind wenigstens phasenweise ein selbstvergessenes und kindgerechtes Klima. Hier kann der Vater einspringen, oder Sie versuchen, Ihrem Kind eine »Ersatzfamilie« zu beschaffen. Es will hin und wieder Pause

von dieser Situation machen und auch nicht immer Rücksicht nehmen. Manchmal will es vielleicht sogar, dass das Geschwisterkind tot ist.
Bringen Sie Verständnis für Ihr gesundes Kind und seinen Unwillen auf, dann wird es sein krankes Geschwisterchen lieben und früh lernen, mit Freude Verantwortung zu tragen.

Behindertes Geschwisterkind

Auch hier müssen die gesunden Geschwisterkinder früher selbstständig werden. Loyalität und Rücksichtnahme sind nötig. Das »gesunde« Kind wird zum Hoffnungsträger für die Wünsche der Eltern und kann dadurch unter erheblichen Leistungsdruck kommen. Andererseits werden manchmal die Gesunden aus Angst überbehütet. Es könnte ja auch ihnen etwas zustoßen!
Fatal ist es, wenn dem gesunden Geschwisterkind schon früh die Verantwortung für den behinderten Bruder oder die behinderte Schwester aufgebürdet wird. »Wenn wir nicht mehr sind, nimmst du ihn zu dir.« Das ist nicht sinnvoll, da die Verantwortung zu groß wird und Schuldgefühle weckt.
Je lebensbejahender Eltern mit der Behinderung umgehen, umso weniger werden die anderen Kinder durch die besondere Situation belastet.

Im Übrigen muss sich auch ein behindertes Kind irgendwann abnabeln.

Der Alltag mit einem behinderten Kind erfordert Zeit, Kraft und auch Geld. Er muss entsprechend den täglichen Anforderungen des behinderten Kindes organisiert werden. Dadurch kommen nicht behinderte Kinder häufig zu kurz. Jüngere Geschwister arrangieren sich dabei leichter als ältere, da sie bereits in die vorhandene Familiensituation hineingeboren wurden. Die Kinder merken früh, dass bei ihnen zu Hause etwas anders ist und dass sie mit Einschränkungen leben müssen. Manche Kinder gewinnen dadurch sogar an Zivilcourage und Durchsetzungsvermögen.
Es ist gut, den Geschwistern früh zu erklären, was für eine Behinderung das Geschwister hat, damit sie verstehen, warum es

manches nicht kann, und es auch den Freunden erklären können. Je älter ein Kind wird, umso größer wird das Verständnis für die Bedürfnisse und Gefühle anderer und die Fähigkeit, darauf einzugehen. Bis dahin tut es gut, ab und an einen Ausgleich zu schaffen. Das schafft ein Gefühl, etwas ganz Besonderes zu bekommen: nämlich ungeteilte Aufmerksamkeit!

Sorgen Sie dafür, dass jedes Ihrer Kinder einen Elternteil mal ganz für sich hat.

Gönnen Sie sich auch mal einen Kurzurlaub mit dem gesunden Kind. Diese Exklusivität genießen Kinder sehr. Fühlt sich das Kind angenommen und geliebt, lernt es Notwendigkeiten einzusehen und entwickelt die Bereitschaft, sich zurückzunehmen. Erlauben Sie sich und den Kindern auch mal Frust und Verzweiflung. Entschärfen Sie Schuldgefühle: »Thorsten, das ist in Ordnung, dass du Wut auf deinen behinderten Bruder hast, der nimmt dir das nicht übel, weil er selbst weiß, wie viel du ihm durch dein Verständnis für ihn oft gibst.«

Fühlt sich das Kind angenommen und geliebt, lernt es Notwendigkeiten einzusehen und entwickelt die Bereitschaft sich zurückzunehmen.

Brüder und Schwestern

Sicher ist, dass Geschwisterrolle und Geschlecht einen großen Einfluss haben.

Besondere Aufmerksamkeit braucht die Geschlechtserziehung in der Familie, die mal zu offen und mal zu streng erfolgen mag. So unterdrücken manche Eltern die Neugierde ihrer Kinder hinsichtlich der Geschlechtsunterschiede, bestrafen Doktorspiele oder das Spiel mit den eigenen Genitalien und lehnen körperliche Zärtlichkeiten und Liebkosungen ab. Andere überschütten ihre Kinder mit Informationen über Sexualität und ermutigen zu einer Offenheit, die die Kinder überfordert.

Es ist entscheidend für die Geschlechtsrollenentwicklung und Identität, ob es in einer Familie Brüder oder Schwestern gibt und ob diese älter oder jünger sind. Sie können voneinander lernen, wie Mädchen oder wie Buben sind, und sie lernen auch einen adäquaten Umgang miteinander. Das Inzesttabu einzuhalten, ist dabei eine Herausforderung, die auf die eine oder andere Art bewältigt werden muss. Die Neugierde, mehr davon zu verstehen, worin die Unterschiede eben auch körperlicher Art liegen, ist groß.

Unterschiedliche Erziehung von Mädchen und Jungen

Nach wie vor legt die gesellschaftliche Sozialisation Mädchen nahe, folgende Verhaltensweisen zu entwickeln:

Empathie, Innenorientierung, Intimität, Körpernähe, Emotionalisierung, Helfen als Wert, Geben, Nachgeben, Verzicht, Zuhören-Können, Erzählen, Schlichten, gutes Klima schaffen, Angebot zum Bezogensein, Angebot zur Regression, Internalisierung als Lösungsmuster zur Herstellung von Weiblichkeit, Nach-innen-Handeln, Aufwertung des Männlichen, Abwertung des Weiblichen, Angst, Somatisierung.

Jungen sollen Verhaltensweisen wie diese entwickeln:

Differenzierung, Selbstbehauptung und Durchsetzung, Außenorientierung, Autonomie, Körperferne, Ent-Emotionalisierung, Rationalität, Heldentum als Wert, Kämpfen und Behaupten, Klären, Siegen, Angebot zur Abgrenzung, Angebot zur Progression, Externalisierung als Lösungsmuster zur Herstellung von Männlichkeit, Nach-außen-Handeln, Aufwertung des Männlichen, Abwertung des Weiblichen, Aggression, Normabweichung.

Unterstützen Sie Ihre Kinder darin, diese geschlechtsspezifisch bedingten, starren Muster aufzuweichen.

Die Bedeutung von Altersabständen

Geschwister mit geringem Altersabstand, die große Nähe miteinander teilen (gemeinsames Zimmer, gemeinsamer Kindergarten etc.) und die Kindheit miteinander verbringen, machen die Erfahrung einer großen Alltagsüberschneidung. Das führt zu einer die Unterschiede fast einschmelzenden Geschwisterbeziehung. Geringer Einfluss der Eltern steigert außerdem den Zugang unter den Geschwistern.

Ob ein Kind kein, nur eines oder mehrere Geschwister hat, wirkt sich auf seine Entwicklung stärker aus als sein Rang.

Wenn Eltern nicht verfügbar sind, suchen die Kinder in der Geschwisterbeziehung ihre Bedürfnisse nach Kontakt, Schutz und Geborgenheit zu befriedigen. Deshalb kommt in Krisenfamilien der Geschwisterbindung ein besonderer Stellenwert zu.
Geschwister mit großem Altersabstand, die in verschiedene Gruppen integriert sind (Kindergarten, Grundschule, Schule etc.), die ein eigenes Zimmer haben, die verschiedene Freunde, Vereine und Bezugsgruppen besuchen (z. B. Feuerwehr, Kindersport, Ballett), haben eine weniger symbiotische Bindung.
Geschwister, die getrennt aufwachsen, haben keinen Zugang zueinander und entfalten keine Alltagsvertrautheit.

Der Wunsch nach Abgrenzung und Individualität

Die meisten Rivalitäten bestehen zwischen Brüdern, die einander in kurzem Zeitabstand folgen. Am entspanntesten hingegen ist die Beziehung zwischen Bruder und Schwester mit großem Altersunterschied. Je ähnlicher also die Ausgangsposition, desto größer das Konfliktfeld. Je unterschiedlicher andererseits die Ausgangslage, desto leichter fällt es jedem Kind, seine eigene Identität zu entwickeln. Aus dem Wunsch nach Abgrenzung und Individualität erklärt sich deshalb zum Teil, warum gerade gleichgeschlechtliche Geschwister oft völlig verschieden sind.
Ältere Geschwister durchleben im Spiel mit den Jüngeren ihre

bereits bewältigte Vergangenheit mit den damit verbundenen Entwicklungsschritten. Die Jüngeren profitieren von den gemeinsamen Aktivitäten mit den Älteren und werden angespornt, sich zu erarbeiten, was die schon können. Beide lernen in diesem Prozess, sich besser zu verstehen. Je größer der Altersabstand, umso mehr Macht und Ansehen haben Ältere bei den Jüngeren. In je mehr Verhältnisse man im Leben hineinwächst und je öfter einem Rollen zufallen, desto größer wird die Rollenflexibilität und desto bedeutungsleichter werden die Erfahrungen aus der Geschwisterkette.

Wichtig ist nicht die Konstellation, sondern wie sie erlebt wird.

Wirkungskräfte im Geschwisterverhältnis

Partnerbeziehung der Eltern
- Persönlichkeit und Vorerfahrungen
- Beziehungsqualität der Partnerschaft
- Kommunikationskultur
- Umgangsformen
- Rollenaufteilungen

Geschwister und ihre Beziehungen
- Altersabstand, Anzahl
- Qualität, Besonderheiten
- Wärme /Nähe
- Relative Macht/Status

Alltagshandeln, Werte, Einstellungen, Haltungen, Ideale, Wünsche, Träume, Sehnsüchte, Ängste, Hoffnungen, Sündenbock, in Ungnade gefallen, zum Vorbild erhoben etc.

Eltern-Kind-Beziehungen
- Beziehungsqualität
- Rollenzuschreibungen
- Delegationen
- Bündnisse

Persönlichkeit/Zuordnungen
- Rolle der einzelnen Geschwister
- Temperament, Charakter,
- Fähigkeiten
- Eigenschaften
- Sozialverhalten

Geschwister-Lernwerkstatt

Zunächst einmal bilden Geschwister, wenn es mehr als zwei sind, eine Gruppe, so wie es auch Kindergartengruppen, Schulklassen oder Sportgruppen tun.

Wir können die Gruppendynamik nicht immer so beeinflussen, wie es uns passt.

Wir haben als Eltern natürlich Einfluss auf die Kinder, aber wir können die Dynamik, die unter den Kindern entsteht, nicht unbedingt so steuern, wie wir das gern hätten. Wir können höchstens mal schützend eingreifen oder gesagte Worte abmildern, einem der Kinder den Rücken stärken, uns auf die Seite einer Gruppe schlagen oder den Kindern etwas anbieten, was sie alle zusammen aus dem Konflikt heraus und in ein neues Spiel hineinführt. Aber wir können grundlegende Gegebenheiten nicht in Luft auflösen.

Wenn es also wieder einmal Stress gibt mit Hans, weil er gerade Tanja ärgern will, oder Suse sauer ist auf Tine, weil die ihr die letzte Schokolade weggegessen hat und Sie als Mutter (oder Vater) daran zweifeln, ob Sie überhaupt irgendetwas richtig gemacht haben, dann halten Sie bitte einen Moment inne und denken Sie daran, dass das alles höchst sinnvoll ist, was Ihre Kinder da tun, auch wenn es zunächst recht destruktiv erscheint. Ja, Sie haben richtig gehört, in dem von Ihnen erlebten Chaos, in dem keiner auf keinen Rücksicht nimmt, bilden Ihre Kinder Persönlichkeit aus, differenzieren ihren eigenen Wesenskern und entwickeln Selbstbewusstsein.

Ausprobieren ohne Ende

In der »Geschwister-Lernwerkstatt« können die Geschwister neue Gefühle und Verhaltensweisen im Umgang miteinander erproben und bekommen sofort und ohne Umschweife eine Antwort auf das, was sie ausgesendet haben. Sie lernen, auf das gleiche »Beziehungsangebot« ganz unterschiedlich zu reagieren.

Im obigen Beispiel könnte sich Suse einfach gekränkt zurückziehen und ihre Schwester ignorieren, um sie dafür zu strafen, dass sie ihr die Schokolade weggenommen hat: »Ich soll mit dir spielen, nachdem du mir die Schokolade weggefuttert hast … ph … wer bin ich denn?« Genauso gut könnte sie sich aber auch einen Rachefeldzug überlegen und Tine etwas wegnehmen oder verstecken, was dieser wichtig ist. Die kluge Suse, die die wunden Punkte ihrer Schwester genau kennt, denkt eventuell an das Kuscheltier, das Tine unbedingt zum Einschlafen braucht, und genießt die Vorfreude auf den Moment, an dem Tine bemerkt, dass es fehlt. Sie könnte sich aber auch in Geduld üben und den richtigen Moment abwarten, bis es wieder mal Schokolade gibt, und dann selbst überraschend zugreifen, mit dem sicheren Gefühl, dass das nur recht ist, was sie da gerade tut. Denn Strafe muss sein. Genauso gut könnte sie aber auch großmütig verzeihen und deutlich machen, wie unsozial und kindisch ihre Schwester ist, und könnte dabei als moralische Siegerin vom Platz gehen. Dabei wäre ihr der Applaus ihrer Eltern wahrscheinlich sicher: »Schön, dass du schon so vernünftig bist.«

Hans, Tine, Suse und Tanja haben eine ganze Kindheit lang Zeit und Raum, sich auszuprobieren, ihr Vorgehen oder Handeln um Nuancen zu verändern und ihr Ansinnen zu hinterfragen. Dabei können sie feststellen, welche Strategien in welchen Momenten erfolgreich sind, und werden auch bemerken, dass immer nur Streiten auf die Dauer zu anstrengend ist. Auch das werden sie auf lange Sicht hin, in der Art, wie sie mit ihren Geschwistern umgehen, berücksichtigen lernen.

So lernen Kinder sich und andere einschätzen. Sie entwickeln Beziehungsflexibilität.

Es macht Spaß, miteinander zu spielen, Dinge zu erfinden, sich spielerisch zu messen oder gedankenverloren im Rollenspiel aufzugehen.

Wenn Gefühle so etwas wie abrufbare Handlungsbereitschaften sind, dann haben Geschwister die einmalige Gelegenheit, sich eine Fülle von Handlungskonzepten anzueignen.

Taktisches Verhalten unter Geschwistern

Ein ganzes Repertoire an taktischen Verhaltensweisen unter Geschwistern steht den Kindern zur Verfügung: sich schützen lernen, sich neugierig einlassen auf den anderen, auf der Hut sein, für andere da sein, den anderen verstehen, für die Geschwister mitdenken, die Geschwister ins eigene Denken einplanen, fürsorglich sein, gemein sein, in die Unklarheit flüchten, sich einem Konflikt stellen, das liebe Kind spielen, andere einschüchtern, das Baby spielen, den Bedauernswerten spielen, sich die Schuld zuschreiben, um ethisch/moralisch zu gewinnen, Fehler zugeben, anderen die Schuld zuschreiben und sich zum Opfer machen, den anderen zum Störenfried erklären, den anderen bewundern (um an seiner Macht teilzuhaben), Zwietracht säen, seinen Charme ausspielen, verständig und vernünftig sein.

Geschwister kennen sich sehr genau

Was Geschwister bindet, ist die intime Kenntnis voneinander.

Sie zeigen sich oder entdecken gemeinsam, wie man zusammen spielt, wie man zusammen arbeiten und streiten kann, wie man sich bekriegt und auch wieder versöhnt. Sie sind füreinander Verbündete und Verräter.

Niemand kennt sich so gut, wie Geschwister es tun, auf diese subtile Weise. Geschwister erkennen und erahnen die unausgesprochenen Ängste, die Sehnsüchte, Ambitionen, das Schamgefühl, die Verwundbarkeiten des anderen. Es sind »geheime« Kenntnisse, und es liegt an jedem Einzelnen, wie er sie einsetzt: um zu helfen oder auch um zu verletzen, um sich einzufühlen oder um zu vernichten.

Es ist sicher gut, wenn Eltern die Beziehungen der Kinder untereinander begleiten, aber auch die einzelnen Kinder im Auge behalten, um, wenn auf lange Sicht notwendig, Anstöße zu kleinen Veränderungen zu geben.
Versuchen Sie einmal, sich und Ihre Kinder als Mobile zu denken. So ein Mobile befindet sich in einem sensiblen Gleichgewicht. Wenn sich eine der Gleichgewicht erhaltenden Kräfte verschiebt, dann sind im Grunde alle anderen angehalten, ein neues Gleichgewicht durch Versuch und Irrtum herauszufinden. Hier wird jemand gebraucht, der Ruhe bewahrt und Sicherheit ausstrahlt, dass alles zu einem guten Ende finden wird, auch wenn dieser Prozess Zeit braucht.
Das ständige Vergleichen und Beurteilen unter Geschwistern – wer ist der Stärkere, wer ist der Schwächere – hat eine wichtige Funktion in der kindlichen Entwicklung, weil die Kinder so ihre Talente bestimmen und ihre Fähigkeiten und Eigenschaften bzw. Leistungen messen können. Aus den Hinweisen, die sich aus dem Vergleich ergeben, entwickeln sie dann ihr Selbstbild und in der Folge davon so etwas wie Selbstachtung, aber auch Ehrgeiz, Neues zu erproben. Dieser Prozess ist nur auf lange Sicht von Kontinuität geprägt, im Alltag ist er eher von einem ständigen Auf und Ab gekennzeichnet.

Wer ist die Schönste, der Schnellste, der Klügste, die Beste, der Beliebteste?

Erreichbare Vorbilder

Die Eltern sind ihren Kindern weit voraus in ihrer Entwicklung, die Kinder können nicht wirklich mit ihnen konkurrieren. Aber die Eltern können mit dem, was sie wissen und können, Ansporn sein. Es können aus der Erfahrung mit den Eltern der Wille und der Wunsch entstehen, all das auch einmal können zu wollen.

Letztendlich profitieren Ihre Kinder von den Erfahrungen mit den Geschwistern.

Geschwister sind sich hier näher, weniger unerreichbar, sie sind von der gleichen Art. Deshalb lernen Geschwister voneinander, ihr Leben zu meistern – besser, als das von Eltern je möglich wäre. Das heißt aber nicht, dass Sie als Eltern hilflos bei allem zuschauen müssen. Wenn es um Grundsätzliches geht, müssen Sie Kontur zeigen: Vorbild sein, Werte setzen und Umgangsformen einfordern. Eltern wirken auf den Charakter und die Identität ihrer Kinder von einer ganz anderen Seite her ein. Sie vermitteln ihnen Wert- und Moralvorstellungen, Ziele, Schutzmechanismen und all die Techniken, die sie benutzen, um ihr Leben zu meistern.

Entwicklung braucht Zeit

Wir glauben, Probleme sind dazu da, dass sie gelöst werden!

Unser Berufsleben hat uns daran gewöhnt, das Leben als logistische Herausforderung zu betrachten und allzu schnell zu fragen, welche Interventionsstrategien mit geringstem Aufwand am schnellsten zum effizienten Ergebnis führen. Entsprechend gehen wir an viele Dinge heran. Doch nicht immer müssen Probleme sofort und vollständig gelöst, bereinigt und geklärt werden. Vielleicht sind einige auch dazu da, um gelebt, erfahren und ausgehalten zu werden, damit man an ihnen reifen und neue Formen der Konfliktbewältigung entwickeln kann. Es gibt manchmal auch so etwas wie Konfliktlösung in der Zeit, so wie z. B. Gras über seelische Wunden wächst. Hier ist die Zeit ein guter Arzt.

Wandel und Wechsel, Abschied und Neubeginn, Verhärtungen und Verflüssigungen von Konstellationen, Bündnissen und Problemkomplexen, all das gehört in den Erziehungs- und Beziehungsalltag, bis die Kinder groß sind und aus dem Haus gehen und sogar darüber hinaus. Wenn es uns glückt, dass Kinder voller Selbstvertrauen ihr Leben in die Hand nehmen lernen, sich eingebunden wissen in einen Kreis von Freunden und Ja dazu sagen, »Held/in ihres Lebens« zu werden, dann sind Erziehung und Begleitung gelungen.

Lernwerkstatt Geschwister ist ein Versuchs- und Erprobungslabor unter wirklichkeitsnahen Bedingungen.

Beziehungen im Inneren der Familie

Ohne gegenseitiges Verständnis und ohne punktuelle Einsicht geht gar nichts.

Beziehungen entstehen dort, wo Menschen oft Zeit miteinander verbringen, wo sie Wünsche, Hoffnungen und Bedürfnisse aufeinander ausrichten und Interessen miteinander teilen.
Geschwisterkinder sind bis weit in die Pubertät hinein immer wieder auf Anregungen der Eltern angewiesen. Wer heute ausschließlich dahingehend erzogen wird, sich einzuordnen und zu gehorchen, der ist mangelhaft ausgebildet und wird es schwerer haben. Eine vertrauensvolle Beziehung zwischen Eltern und Kind ist im Interesse aller. Eine schwierige oder gar schlechte Beziehung schafft Probleme für beide und behindert das Kind auf seinem Weg in ein selbstständiges Leben.
Kinder werden von Erwachsenen als verlässlichste Beziehungsinstanz wahrgenommen, als einzige Gegenwelt, die Fantasi und Zwanglosigkeit zulässt.
Kinder werden wahrgenommen als Gefühlsort, an dem die ganze Bandbreite eigener Gefühle gelebt werden kann. Kinder werden von Eltern oft als alleinige Orientierung und Sinn stiftende Instanz empfunden. Außerdem werden sie als Möglichkeit gesehen, sich zu verpflichten und festzulegen. Das kann Kinder auch überfordern. Sie können nicht der einzige Sinn sein, den Eltern haben. Für die Kinder ist es wichtig, neben dem Erprobungsfeld Familie Kontakt zu Gleichaltrigen zu knüpfen und sich in Gruppen außerhalb der Familie zu integrieren.

In der Familie muss man miteinander Lösungen finden.

Familienbeziehungen sind Primärbeziehungen. Hier in der Familie unter Geschwistern ist jedes Kind gezwungen, wenn es die anderen für etwas braucht, diese zu gewinnen, verschiedene Interessenlagen miteinander auszuhandeln, sich zu verständigen oder sich einfach mal in Ruhe zu lassen. Im Gegensatz dazu suchen heute viele die Verhältnisse auf, die versprechen, dass die eigenen Bedürfnisse dort ohne großen Aufwand und ohne Auseinandersetzung Verwirklichung finden (schwimmen lernen, im Chor singen, Basketball spielen, Instrument spielen lernen).

Bewegung und Balance

Nicht jedes Kind möchte im Mittelpunkt stehen.

Entsteht Stagnation, müssen Eltern manchmal parteiisch sein, um ein eingespieltes Gleichgewicht, das den Kindern nicht gut tut, wieder in Bewegung zu bringen. Wem entspricht welche Rolle? Manches Kind ist froh, wenn es einfach nur mitlaufen darf. Ein anderes verbündet sich mit einem anderen Geschwisterkind, alles andere ist ihm nicht so wichtig, ein Drittes bleibt gern im Schattenwind der »Großen«. Geschwister erfahren sich in der Familie als Individuen, die miteinander verbunden sind. Bei gelingender Sozialisation übertragen sich diese Erfahrungen der Geschwisterbeziehung dann auf die »Welt außerhalb«: auf Freunde, Schulkameraden und später auch auf andere Erwachsene.

Manchmal ist ein Perspektivenwechsel angesagt.

Immer wieder wird es zu Fehleinschätzungen durch die Eltern kommen. Das ist nicht wirklich schlimm, sondern gehört dazu. Wichtig ist, einseitige Kommunikationsverläufe, die sich verfestigt haben, wieder zu verflüssigen. Der Einstieg in die Verflüssigung ist jederzeit möglich. Indem Eltern die Perspektive wechseln und Abstand suchen zu den Gewohnheitsritualen und -rollen, die sich einspielen, oder eine kleine Abwandlung in ihrem Verhalten vornehmen. Konstruktive Geschwisterbeziehungen brauchen das Auftauen von Gegnerschaften und das Ausbalancieren von schlechten, eingespielten Gleichgewichten oder Rollenaufteilungen.
Lassen Sie sich in die Befindlichkeiten der nachfolgenden Beispiele hineinholen, in denen sich Beziehung konflikthaft ereignet, und überlegen Sie, wie Sie damit umgehen würden.

Julius, 3 ½ Jahre und Emily, 1 ½ Jahre

Der ›große‹ Julius und die kleine Emily spielen in der Sandkiste. Julius hat eine Burg gebaut. Emily rutscht in der Sandkiste herum, häuft Sand auf die Schaufel und lässt ihn herabrieseln. Dabei nimmt sie auch Sand von Julius' Burg. Der wird sauer. »Mama, Emily hat meine Burg kaputt gemacht, die soll sofort damit aufhören!« »Das hat sie doch nicht mit Absicht gemacht. Weißt du was, ich setze sie in die andere Ecke, damit das nicht wieder vorkommt. Ob du sie mit im Blick behalten kannst? Natürlich darf sie deine Burg nicht kaputt machen. – Emily, dein Bruder ist richtig sauer, weil du Sand von seiner Burg genommen hast. Lass das bitte!« Dabei schüttelt die Mutter entschieden den Kopf, damit Emily versteht, um was es hier geht.

Peter, 3 1/2 Jahre, Tim, 2 Jahre

Da die Kinder nur teilweise der Sprache mächtig sind, kann nur zum Teil mit Worten gestritten werden: Peter hat ein wunderschönes Polizeiauto, Tim will es auch haben. Da liegt es doch nahe, dass er es sich einfach nimmt. Peter holt es sich wütend zurück, mit den Worten »Meins.« Tim probiert es nochmals und bekommt einen Schubser, sodass er nach hinten fällt. Es gibt Tränen. Tim erschrickt, der Fall nach hinten tut weh. Jetzt weiß er, dass Peter der Stärkere ist und gibt auf. Aus Erwachsenensicht wissen wir, morgen wird er es wieder versuchen.

Fritz, 7 Jahre, Kurt, 5 Jahre

Scheinbare Ungerechtigkeit, die keine ist.

Fritz bekommt zu seinem Geburtstag ein großes blaues Auto geschenkt. Sein Bruder Kurt will auch ein Auto haben. Obwohl Kurt kein Geburtstagskind ist, schenken ihm die Eltern ein kleines Auto, um ihn zu besänftigen. Kurt ärgert sich fürchterlich, weil er kein großes Auto bekommt. Die Folge ist, dass er sein kleines Auto mit voller Wucht an die Wand schmeißt. Was ist schiefgelaufen? Darf man einem 5-jährigen Jungen zumuten, dass er leer ausgeht am Geburtstag seines Bruders? Ja, man darf. Irgendwann hat schließlich auch er Geburtstag, und sein Bruder muss zuschauen. Was war die Motivation der Eltern, derart einzulenken, anstatt klar dabei zu bleiben, dass

Fritz Geburtstag hat? Haben sie Kurts Wutausbruch kommen sehen und hatten Angst davor, oder war es ihnen zu anstrengend, diesen Konflikt mit Kurt auszutragen? Wollten sie sich an seiner Wut vorbeimogeln? Wie hätten sie sich noch verhalten können? Was ist in der Situation unbedingt erforderlich, wenn die größte Wut verraucht ist? Was denken Sie?

Simon, 11 Jahre, Lukas, 13 Jahre, und Philipp, 15 Jahre

Die Eltern von Simon, Lukas und Philipp schenken ihren drei Söhnen einen Computer zu Weihnachten. Die Jungs wollen unbedingt einen »gescheiten« Computer haben, nachdem sie bisher auf einem schon recht alten Modell kaum mehr als Textprogramme verwenden können. Es wird lange darüber gesprochen, dass es finanziell unmöglich sei, jedem der drei einen neuen Computer anzuschaffen, und dass sie sich überlegen müssen, ob sie lieber einen neuen gemeinsam wollen oder zwei weitere günstig gebrauchte. Da sie ein zwar großes, aber trotzdem eben nur ein Zimmer miteinander teilen, ist klar, dass die vernünftigste Lösung ein neuer Computer ist. Da sie auch verschiedene Spiele darauf laufen lassen wollen, die gerade ›in‹ sind, muss es auch ein Computer sein, der mit der neuesten Technik ausgestattet ist.

Vorvereinbarungen erweisen sich oft als sehr nützlich.

So lassen sich die Eltern darauf ein, wohl wissend, dass es sicher einige Schwierigkeiten mit sich bringen wird. Sie vereinbaren schon vor dem Kauf, dass der Computer 14 Tage abgeschaltet bleibt, wenn keine Einigung zu erzielen ist. Vorgabe ist auch, dass jeder von ihnen täglich nicht mehr als eine Stunde vor dem Computer sitzen darf.

Kaum ist der Computer da, beginnen Simon, Lukas und Philipp nach den ersten Tagen der geteilten Faszination auch schon darum zu feilschen, wer wann daran sitzen darf.

Die Eltern schauen der Entwicklung zunächst zu und sind gespannt, inwieweit ihre Söhne es fertig bringen, eine Regelung zu finden, mit der alle zufrieden sind. Das klappt erstaunlich gut, und die Eltern sind durchaus stolz auf ihre drei. Da die Eltern die Zeit auf eine Stunde am Tag begrenzen, wird vereinbart, dass nach den Hausaufgaben jeder mit seiner Stunde drankommt, und zwar im Wechsel, dass jeder mal den Anfang machen darf, mal als Zweiter, mal erst als Letzter an die Reihe kommt. So weit, so gut.

Der Konflikt als Testfall.

Eines Tages jedoch kommt Philipp nach Hause und sagt, er muss ein Referat schreiben und er braucht den Computer dafür, weil er Folien herstellen und auch ein Hand-out für die Klassenkameraden/innen herstellen muss. Da empören sich die beiden Brüder und widersprechen lautstark. Das muss er halt in seiner Stunde bewerkstelligen, blaffen sie ihn an.
Philipp sieht das gar nicht ein, und ohne lange mit ihnen darüber zu diskutieren, wendet er sich an die Mutter und bittet sie um Vermittlung. Die Mutter sieht durchaus ein, dass das Referat Vorrang hat, ist sich aber auch sicher, dass das nicht von heute auf morgen aufgegeben wird. Philipp gibt kleinlaut zu, dass er es schon seit sechs Wochen weiß, aber eben nächste Woche an der Reihe ist.
Salomonisch fragt die Mutter alle drei, wie das jetzt wohl zu lösen sei. Schnell wird klar: Keiner der beiden anderen will Philipp mit dem Referat scheitern lassen. Also gestehen sie ihm zu, dass er in dieser Woche den Computer in Beschlag nehmen darf und sie ihn nur zu übrig gebliebenen Zeiten miteinander teilen können. Andererseits sind sie auch sauer, dass Philipp nicht rechtzeitig nach einer Lösung gesucht hat, und sie verlangen sein Einverständnis, dass er die zwei Wochen nach seinem Referat immer erst als Letzter drankommt und jeden Tag den beiden im Wechsel eine Viertelstunde seiner Stunde abgeben muss, so lange, bis sie die versäumte Zeit wieder hereingeholt haben. Zähneknirschend willigt Philipp ein.
Die Mutter wiederum lobt die drei für das gelungene gemeinsame Aushandeln und zeigt sich mit der Lösung einverstanden.

Der Konflikt erweitert sich.

Allerdings möchte sie, dass nach dem Ausgleich der Computerzeiten das Gerät für eine Woche ausgeschaltet bleibt, zu selbstverständlich sei er in den Alltag integriert und alles ordne sich nur noch um den Computer herum. Das findet sie einfach nicht gut, was ein lautes Türknallen und Aufs-Zimmer-Zurückziehen der Jungen zur Folge hat.
Beim Abendbrot bringt sie das Gespräch noch einmal darauf. Sie will sich den Buben erklären, ihnen aufzeigen, dass es sich um keine Willkürentscheidung handelt, sondern schon länger in ihr gärt. Außerdem will sie ihnen deutlich machen, dass sie auch sich selbst solche Entscheidungen abverlangt, weil sie immer wieder spürt, wie gut das tut, wenn man sich hin und wieder frei macht von solchen scheinbar unabwendbaren Alltagsgewohnheiten.
Ob sie sich noch erinnern können, zuletzt habe sie sechs Wochen auf die allabendliche Tagesschau verzichtet, um aus dieser alltäglichen Ritualisierung auszubrechen und wieder einmal frei in der Zeiteinteilung entscheiden zu können. Die Zeit habe ihr gut getan, weil sie wieder mehr spazieren gegangen sei und öfter mal am Abend noch eine Runde mit dem Fahrrad gedreht habe. »Außerdem stellten euer Vater und ich fest, wie wichtig es ist, auch mal wieder mehr ins Gespräch miteinander zu kommen.«
Die drei hören sich das scheinbar verständig an und gehen anschließend stillschweigend in ihr Zimmer. Mutter und Vater spüren schon, dass sich da etwas zusammenbraut, und tatsächlich sprechen die drei ab dem nächsten Morgen ganz einfach zur Strafe mit ihren Eltern kein Wort mehr.

Die Eltern schauen sich das drei Tage an, um erneut eine Familienkonferenz einzuberufen. Sie geben den Jungs zu verstehen, dass sie unter dem Schweigen leiden und diesen kriegsähnlichen Zustand gern aufheben würden. Andererseits lassen sie keinen Zweifel daran aufkommen, dass sie an der beschlossenen

Woche Computerabstinenz festhalten werden. Dann nehmen sie noch folgenden Anlauf: Sie fragen ihre drei halbwüchsigen Söhne, was sie denn denken, was die Aufgabe von Eltern ist? Ob sie einfach alles laufen lassen sollen? Sie sollten einmal darüber nachdenken, ob nicht immer wieder auch Grenzen, die die Eltern ihnen gesetzt hätten, sich im Nachhinein als wichtiger Schutz herausgestellt hätten? Im Übrigen wollen sie nicht einfach nur Recht haben, würden sich aber wünschen, dass die drei etwas versöhnlicher über das Ganze nachdenken und auch einmal prüfen, ob ihre starke Reaktion nicht auch ein wenig bestätigt, dass ein Aussetzen vielleicht gar nicht so schlecht ist.
»Was habt ihr denn früher miteinander gemacht, als der Computer noch kein fester Bestandteil eures Nachmittags war?«, fragt der Vater abschließend.
Als das eisige Schweigen anhält, schauen sich die Eltern an, und die Mutter sagt: »Ich merke schon, ihr fühlt euch im Moment so gedemütigt und gegängelt durch unsere Entscheidung, dass ihr uns für den Augenblick nicht hören wollt. Schade. Vielleicht könnt ihr trotzdem hören, dass wir die Grenze nicht aus Jux und Tollerei gesetzt haben. Wir wollen nicht einfach über euch bestimmen und euch klein machen. Ihr wisst selbst, das wir euch relativ viele Entscheidungen selber treffen lassen. Vielleicht haben wir tatsächlich ein wenig zu früh reagiert, und ihr hättet das selbst noch herausgefunden, dass es euch gut tut, den Computer ab und zu einfach auch Computer sein zu lassen. Aber jetzt bleibt es bei dem einmal gefaßten Entschluss.«

Ein möglicher Lösungsansatz der Eltern.

Die Geschichte muss noch nicht zu Ende sein; ganz verschiedene Verläufe sind möglich.
Wie würden Sie handeln? Finden Sie das Verhalten der Eltern nachvollziehbar? Konfliktscheu sind die beiden jedenfalls nicht. Was spricht Ihrer Meinung dafür, dass das Ganze doch noch »gut« ausgeht?

Benjamin und Herbert, 1½ Jahre

Benjamin und Herbert sind Zwillinge. Benjamin kann schon laufen, aber Herbert krabbelt noch auf allen Vieren durch die Wohnung.

Heute sitzen sie beide im Garten zuerst in der Sandkiste, dann auf der Wiese. Als ihre Mutter Helga für einen Moment hineingeht, um sich eine Tasse Kaffee zu holen, und wieder herauskommt, traut sie ihren Augen nicht: Benjamin steht vor Herbert, den kleinen Marienkäferball in der Hand, und zerrt und zieht an seinem Bruder, er zetert und schreit mit ihm und will offenbar, dass dieser aufsteht und mit ihm spielt.

Er kann offenbar überhaupt nicht fassen, dass sein geliebter Bruder nicht einfach aufsteht und mitmacht. Herbert sitzt staunend da, und Helga hat das Gefühl, er versteht nur Bahnhof. Er spürt, dass das nicht gegen ihn geht, sondern dass der Bruder ihn zu etwas auffordert. Aber er weiß nicht wirklich, was er von ihm will.

So nah und doch so fern können sich Kinderwelten sein, nur weil der eine schon einen Entwicklungsschritt geschafft hat, den der andere noch vor sich hat.

Die tägliche Chance

Jeden Tag kann alles anders werden.

Ich glaube, es wird deutlich, wie jeder Tag und jede Situation Gelegenheit gibt, das eigene Verhalten zu variieren. Hier werden Werte mit Leben gefüllt. Hier formiert sich die Qualität der Beziehungen im Inneren.

Begleiten Sie deshalb die tagtäglichen kleinen Auseinandersetzungen mit wacher Aufmerksamkeit und Achtsamkeit. Vergessen Sie dabei nicht, die eigene Rolle und das eigene Handeln zu hinterfragen. Sie sind niemals Opfer der Kinder oder der Situationen mit den Kindern. Sie können jederzeit durch Ihr Handeln eine Situation in Bewegung bringen.

Eltern-Kind-Bündnisse und versteckte Aufträge

Eltern und Kinder gehen oft, von den Eltern angeregt und eingefordert, Bündnisse miteinander ein. Eltern übertragen damit versteckte oder offene persönliche Einstellungen an ihre Kinder. Diese »Aufträge« können die Kinder in ihrer Entwicklung bestärken, aber auch hemmen und ihnen das Leben schwer machen. In der Ablösungsphase liegt die Herausforderung für die Kinder darin, eingegangene Allianzen verstehen zu lernen und sich von ihnen zu lösen. Oft wird ein Kind erwachsen, ehe es sich von solchen elterlichen Aufträgen verabschieden und seine eigenständige Identität reifen lassen kann.

Kinder werden von Anfang an mit besonderen Missionen betraut.

Kinder als Hoffnungsträger

Kinder sollen oft für ihre Eltern bestimmte Aufgaben erfüllen. So soll der 16-jährige Frank den Erfolg bei gleichaltrigen Mädchen haben, der seinem schüchternen Vater immer verwehrt blieb.
Sybille soll auf gar keinen Fall aus der überlieferten Frauenrolle der Familie mütterlicherseits ausbrechen, weil dadurch die Mutter auf ihre eigenen schlafenden Sehnsüchte hingewiesen würde und diese wieder aktiviert würden.
Ken muss unbedingt ein ganz eigenwilliger und sich selbst verpflichteter Individualist werden, der niemals mit den Schafen blökt, weil der Vater selbst ein schrecklicher Mitläufer in einer Sache war, die er sich niemals verziehen hat.
In der Zuwandererfamilie S. werden die Schultern des ältesten Sohnes Albert mit religiösen Heils- und Erlösungsfantasien der Eltern belastet. Die anderen Familienmitglieder stellen ihre Erwartungen an ein eigenes, erfülltes Leben zurück, um durch Albert Erfüllung und Anerkennung zu finden. Er ist für die ganze Familie der stellvertretende Hoffnungsträger und soll mit

seinem errungenen Erfolg, den er sich in der neuen Welt erarbeitet und dem sich die ganze Familie opfert, beweisen, dass die Entscheidung der Familie richtig war, hierher nach Deutschland zu kommen und alles hinter sich zu lassen.
Dass sie ihn dabei aber mit Methoden unterstützt, die in der alten Welt hilfreich waren, in der neuen Welt indessen nicht wirklich brauchbare Handlungsinstrumente darstellen, erschwert seinen Auftrag.
Sein Drama: Erfüllt er den Auftrag, entfremdet er sich von den Eltern.
Kinder sollen böse Taten der Eltern sühnen, sollen unerreichte Ideale der Eltern verwirklichen oder berufliche Wünsche umsetzen, die Mutter oder Vater offen lassen mussten. Schon früh werden solche Aufgaben von den Eltern an die Kinder delegiert. Die Aufträge unterscheiden sich von Kind zu Kind.

Kinder sind mit ihren Eltern durch ein Band der Loyalität, der Verpflichtung und der Verschuldung verbunden, das Ablösung erschwert.

Folgen für die Kinder

Die Kinder bleiben nicht selten – im Kampf oder in Übereinstimmung – ein Leben lang an diese Aufträge gebunden.
Eventuell gibt ihnen die Mission ein Gefühl der Sinnhaftigkeit und Wichtigkeit, und sie sind deshalb bereit, sich zu opfern.
Oder die Erfüllung der Mission lässt es zu, Macht über die Eltern zu gewinnen und sie auszunutzen.
Vielleicht stehen die Aufträge aber auch im Widerspruch zu ihrem Wesen, und das Kind kommt durch das haltende Band in einen inneren Konflikt, der es zerreißt.
Die Delegation wie die Rollenzuschreibung können Individuation und Selbstdifferenzierung erschweren.
Krank machend sind Bündnisse dann, wenn daraus abgeleitete Aufträge das Kind überfordern, die Aufträge der Eltern sehr widersprüchlich oder unterschiedlich sind oder wenn Aufträge sich gegen einen Elternteil richten (Loyalitätskonflikt).

Sonja, 34 Jahre, und Heiner, 36 Jahre, drei Töchter

Sonja hatte als kleines Mädchen mit sieben Jahren eine schreckliche Erfahrung gemacht, durch die sie sich in besonderer Weise gedemütigt und herabgesetzt fühlte. Drei Jungen hatten ihr auf dem Schulheimweg den Rock hochgehoben und ihr die Unterhose heruntergezogen. Sie hatte sich den Jungs ausgeliefert gefühlt und schwor sich, dass ihr so etwas nie wieder passieren sollte. Fortan nahm sie Judo-, bald dann auch Karateunterricht und wurde im Erwachsenenalter selbst eine gute Trainerin für diese Kampfsportarten. Es sollte nur einer wagen, ihr zu nahe zu treten, der würde dann schon sehen.

Verhindern, was schon geschehen ist?

Später lernte sie ihren Mann Heiner kennen. Heiner war ein einfühlsamer und aufmerksamer Ehemann. Wie der Zufall es wollte, bekam sie nun im Laufe von fünf Jahren drei Töchter. Alle drei wurden ebenfalls an den Sport der Mutter herangeführt, ob sie wollten oder nicht.

Ihren Töchtern sollte es nicht so ergehen wie ihr! Ihre Kinder sollten einmal nicht Opfer werden müssen, weil sie zu schwach wären.

Denise und Sophie, die beiden Älteren, nahmen den Auftrag mit voller Bejahung an und gingen ebenfalls im Kampfsport auf. Beate, die Jüngste, konnte mit dem Sport wenig anfangen. Sie war eher musisch begabt.

Der Mutter fiel es schwer, ihre Jüngste aus ihrem sich selbst geschworenen Eid zu entlassen und sie ihren eigenen Weg finden zu lassen. Sie malte sich die schrecklichsten Dinge aus, die Beate zustoßen könnten, weil sie im entscheidenden Augenblick nicht richtig gewappnet wäre.

Beate musste sich auf ihrem Entwicklungsweg nicht nur gegen den Eid der Mutter durchsetzen, sondern sich auch von der eingeschworenen Gemeinschaft der anderen weiblichen Familienmitglieder abgrenzen lernen, zu denen sie doch so gerne auch gehören wollte. Dies war ihr mit Hilfe des Vaters möglich.

Sarah, 40 Jahre, vier Kinder

Dominierende Bedürfnisse von Eltern.

Sarah hat vier Kinder. Ihr Jüngster ist 13 Jahre alt und heißt Benny. Immer schon hat Sarah Benny verhätschelt und verwöhnt. Im Laufe der Jahre entwickelte Benny ein recht unselbstständiges Verhalten und wurde zunehmend von der besonderen Fürsorge der Mutter abhängig. Sie erlebt sich in ihrem Verwöhnen des Sohnes als großzügig und freigebig. Dabei fühlt sie sich in ihrem Muttersein bestätigt. Andererseits ermöglicht Benny es ihr, an der Ausschließlichkeit der Mutterrolle festzuhalten, schließlich muss sie ja noch ganz für ihn da sein. Sarah selbst hatte eine schwere Kindheit, und ihrem Benny wollte sie immer schon all die Liebe zuteil werden lassen, die sie vermisst hat. So kann sie heute eine bessere Mutter sein und ihrer Mutter symbolisch vorführen, wie sie es hätte besser machen können. Je zwingender ihr Bedürfnis nach ausgleichender Befriedigung bleibt, desto schwerer wird es Benny fallen, in die Rolle eines Jünglings hineinzuwachsen, der anfängt, für sich Verantwortung zu übernehmen.

Helmut, 45 Jahre, und Martina, 42 Jahre, ein Sohn

Helmut ist Handwerker, Martina, seine Frau kommt ebenfalls aus einer Handwerkerfamilie. Helmut hat den elterlichen Betrieb für Sanitäranlagen übernommen und erfolgreich ausgebaut. Die beiden bekommen im Laufe der Jahre drei Kinder, zwei Jungen, Karsten und Lothar, und ein Mädchen mit Namen Gerda. Für die Eltern steht außer Frage, dass die beiden Söhne in den elterlichen Betrieb hineinwachsen und ihn später einmal weiterführen sollen.

Nun ergibt es sich aber leider, dass Lothar, der Erstgeborene, eine ganz andere Entwicklung nimmt. Mit großem Erfolg absolviert er die Schule. Selbstverständlich will er das Abitur machen und später einmal studieren. Im Laufe seiner Entwicklung wird er immer wissbegieriger und fängt an, philosophische und psychologische Fachliteratur zu verschlingen. Seine intel-

lektuelle Neugier macht die Mutter unsicher und den Vater wütend. Der Vater lässt keinen Zweifel daran, was er von seinem Sohn erwartet, für den Fall, dass dieser sein Sohn bleiben will.

Die Mutter interveniert indirekter. Als Lothar über eines seiner gelesenen Bücher spricht, macht sie Andeutungen über typische Bücherwürmer, die später im Leben, wo es tatsächlich auf etwas ankommt, versagen. Auf diese Weise deutet sie seine intellektuellen und philosophischen Interessen um in Eskapaden von Schwächlingen und Versagern. Immer wenn sie ihn beim Lesen dieser »schweren« Bücher erwischt, macht sie ihm dies klar – weniger durch Worte als vielmehr durch ihren missbilligenden Blick und ihre ablehnende und abwertende Haltung. Hin und wieder deutet sie aber auch an, dass es in der Familienlinie ihres Mannes wohl immer wieder Söhne gegeben habe, die sich ähnlich verhalten hätten und entweder den Selbstmord als Weg gewählt hätten oder in der Psychiatrie gelandet seien. Dabei macht sie ihrem Sohn deutlich, dass sie aus reiner Sorge um seine Entwicklung und Gesundheit von diesen Dingen so offen zu ihm spricht.

Wenn ein Kind »aus der Art« schlägt.

Letztendlich führt das dazu, dass sich Lothar in der Folgezeit von der Familie zurückzieht, um zu lesen oder auch nur um nachzudenken. Einzig seine kleinere Schwester Gerda bewundert ihn insgeheim für sein Ausbrechen aus der Familie und begleitet ihn mit stärkendem Blick. Sein Bruder Karsten schlägt sich ganz auf die Seite der Eltern und ist mit dem Auftrag, in die Verantwortung für den Betrieb hineinzuwachsen, ganz identifiziert. Erst sehr viel später kann der Vater seinem Sohn mitteilen, wie viel Angst ihm dessen Entwicklung gemacht hat und wie viele eigene Wünsche nach Unabhängigkeit und einem anderen Leben, die er sich selbst nicht erlaubt hatte, der Sohn bei ihm, seinem Vater, geweckt hat. Außerdem habe er auch Angst gehabt, sein Sohn könne ihn überflügeln und er könne ihm möglicherweise nicht mehr gewachsen sein.

Gruppenbildungen unter Geschwistern

Geschwister bilden Gruppen nach Altersnähe, nach geschlechtsüberkreuzenden Gesichtspunkten, nach Neigungen oder als Zweck- bzw. Interessengemeinschaft. Dabei werden die »Karten« immer wieder neu gemischt.
In einer kinderreichen Familie durfte ich folgende Entwicklung begleiten:

Die Geschwister Corinna, Jens, Henner, Günter, Christa

Heranwachsen in wechselnden Koalitionen.

Die erstgeborene Tochter Corinna wurde teilweise von der im Haushalt lebenden Großmutter erzogen, Vater und Mutter waren berufstätig. Erst vier Jahre später kam der erstgeborene Sohn Jens auf die Welt. Ihm folgten im Abstand von je ca. einem Jahr noch zwei Brüder, Henner und Günter, und am Ende eine Schwester, Christa.
Die große Schwester Corinna war und blieb zunächst das »Oma-Kind«, wenn sie nicht gerade versuchte, die Rolle der Mutter im Umgang mit ihren Geschwistern zu übernehmen. Die kleineren Geschwister rechneten sie zunächst mehr den Erwachsenen zu. Die zwei folgenden Brüder Jens und Henner gingen zusammen in den Kindergarten und dann später in die Grundschule. Bis in die Pubertät hinein blieben sie nahe Verbündete in der Familie, aber auch draußen in der Welt. Sie hatten viele gemeinsame Freunde. Der jüngste Bruder Günter und die jüngste Schwester Christa bildeten eine ähnliche Gruppe. Überschneidungen gab es dort, wo die Jüngste den ältesten Bruder bewunderte und dieser sich auch für diese Bewunderung öffnete. Später, als sie größer waren, entwickelte sie Interesse an seinen Freunden, sodass auch hier wieder Überschneidungen und Gemeinsamkeiten entstehen konnten. Der jüngste Bruder und der älteste Bruder studierten die gleiche Fachrichtung, was sie auf neue Weise verband. Die älteste Schwester, der zweitälteste Bruder und die jüngste Schwester blieben als Erwachsene in

der Nähe des Elternhauses wohnen. Dadurch entstand eine Gruppe von Geschwistern, die sich bis heute recht häufig trifft, mit oder auch ohne die Eltern. Die beiden anderen Brüder nehmen gelegentlich bei größeren Familienfeiern teil. Ihr Lebensmittelpunkt ist aber woanders.

Geschwister sind einander Projektionsfläche, in die man etwas hineinsieht, was man aus ihnen herauslieben möchte oder von dem man sich abgrenzen möchte. Wechseln die inneren Bilder, die wir mit unseren Geschwistern verbinden, können Beziehungen mehr in die Nähe oder auch mehr in die Ferne rücken. Gemeinsame Entwicklungen, ähnliche Hobbys, alltagsähnliches Eingebundensein, Werteverschiebungen in der Familie, Abgrenzungs- und Individuationsbedürfnisse einzelner Geschwisterkinder – all das sind Faktoren, die die Beziehungsverhältnisse unter den Geschwistern verschieben. Dabei dürfen Sie fast sicher sein, dass die Geschwister im Alter in einer neuen Form wieder zueinander finden und sich auch eng verbunden fühlen.

Geschwister und Außenwelt

Kindergarten und Schule als hilfreiche Trennungsfaktoren

Geschwisterbeziehungen wollen sich öffnen für Freundschaften.

Geschwister können viel voneinander lernen, können sich viel ermöglichen und viel Spaß miteinander haben. Aber sie können sich unmöglich ein Leben lang genügen. Teil der Entwicklung von Kindern ist, dass sie sich Schritt für Schritt aus dem familiären Milieu, das ihnen über viele Jahre der Kindheit Heimat gewährt, herauslösen, um zu einem eigenen Leben zu finden. Die Familie wie auch das vertraute Wohnumfeld geben zwar Halt und das Gefühl von Heimat, aber sie grenzen auch ein und legen fest. Ein Kind muss sich selbst orientieren können, nicht zuletzt um herauszufinden, wie es die eigenen Familienerfahrungen, die erlernten Rollen und Werte für sich beurteilen

die gleiche Gruppe zu gehen wie das Geschwisterkind, oder ob es nicht besser ist, verschiedene Gruppen zu wählen.

Schulzeit

Das Ende der relativ unbeschwerten Zeit im Kindergarten ist ebenfalls eine wichtige und bedeutende Phase. Die meisten Kinder freuen sich auf den aufregenden Wechsel in ihrem Leben und sehen dem Schulbeginn wesentlich gelassener entgegen als die Erwachsenen.

Gelingt es, unsere Kinder »freizugeben«, können wir sicher sein, dass sie uns ein Leben lang verbunden bleiben.

Kinder und Jugendliche verbringen zunehmend mehr Zeit mit ihren Freunden. Nicht selten empfinden Eltern ein Gefühl der Ohnmacht, wenn ihre Kinder einen anderen Weg einschlagen als den von ihnen gedachten. Am deutlichsten zeigt sich das in den schulischen Leistungen oder der Sprachentwicklung. So sprechen Kinder oft Dialekte oder gleichen sich sprachlichen »Mode-Erscheinungen« an, mit denen sie außerhalb des Elternhauses in Berührung kommen. Wenn die Leistung in der Schule nachlässt, ist daran aus elterlicher Sicht das Freizeitverhalten des Kindes schuld, und alle Versuche, das Lernen zu fördern, sind vergebens. Wer entscheidet nun über den Werdegang: die Freunde oder die Eltern? Es entsteht echte Konkurrenz … Das eigene Kind soll schließlich das Klügste und Beste sein oder doch wenigstens nicht aus dem Rahmen fallen.

Die Zeit der Kinder außerhalb der Familie stellt also auch neue Herausforderungen an die Eltern. Alle, Kinder und Eltern, sehen nun mit dem Blick von außen auf sich selbst und auf das familiäre Geschehen. Stellen Sie sich den damit verbundenen Erkenntnissen und Gefühlen, das bringt alle weiter. Ein kleines Trostpflaster: Wenn die Geschwister das Elternhaus verlassen, nimmt das Rivalitätsverhalten unter den Geschwistern deutlich ab.

Der Alltag und seine Konflikte

Helfen Sie Ihren Kindern zu begreifen, dass ein Konflikt die Fähigkeit erfordert, die eigene Position im richtigen Moment um der Sache willen loszulassen und die eigene Rolle preiszugeben. So zu handeln, fällt leichter, wenn ein Kind erlebt hat, dass dieses Vorgehen sich lohnt.

Konflikte gehören dazu

Alltagskonflikte haben oft keine tief reichenden Hintergründe.

Alltagskonflikte kennt jede Familie. Wiederholen sie sich zwischen den immer gleichen Geschwistern, ohne dass sich eine Befriedung einstellt, kann es sinnvoll sein, genauer hinzuschauen. Hier und da führen unsere überfordernden oder widersprüchlichen Vorstellungen von Familie zu Störungen. Verfestigte Konflikte laufen oft nach bestimmten Mustern ab. Familienmitglieder nehmen immer wieder dieselben Positionen ein und zwingen so die anderen zu voraussagbaren Reaktionen, sodass eingefahrene Kommunikationszyklen entstehen. Positionen werden häufig beibehalten, weil sie schon so oft zum Erfolg führten. So erzwingt z. B. der Ankläger ein bestimmtes Verhalten, indem er andere in Angst versetzt, während der Beschwichtiger seine Hilflosigkeit einsetzt. In lebendigen Beziehungen werden solche Rollenmuster immer wieder verflüssigt. Das fällt leichter, wenn Eltern ihre Kinder im Alltag darauf aufmerksam machen, wie sie miteinander umgehen, und sie auf Alternativen hinweisen – natürlich in der richtigen Dosis. Wenn Sie zu viel pädagogisieren, schalten Ihre Kinder auf Durchzug. Lassen Sie ihnen Raum für Wendemanöver. Helfen Sie ihnen zu begreifen, dass ein Konflikt die Fähigkeit erfordert, die eigene Position im richtigen Moment loszulassen.

Der Blick zurück

Wie ging Ihre Ursprungsfamilie mit Konflikten um? Wollen Sie es ebenso machen?
Nehmen Sie sich bitte Zeit für anschließende Fragen. Es geht nicht darum, sie alle zu beantworten, sondern um die Erinnerungsbilder, die der akute Konflikt in Ihnen wachruft. Diese Bilder (siehe Kasten auf S. 93) haben auch heute Auswirkungen auf Ihr Handeln.

Wie gingen Ihre Eltern mit Konflikten um?

- Welcher Art waren die Konflikte? Kamen sie auf den Tisch? Oder wurden sie bagatellisiert, vertuscht, verschoben oder verleugnet? Gab es ein schwarzes Schaf in der Familie?
- Was für »Konfliktstile« pflegten die einzelnen Familienmitglieder? Können Sie sich an Streit- und Konfliktgespräche erinnern? An Lösungsversuche?
- Welche Kampfmittel wurden eingesetzt? Wie war die Machtbalance? Welche Koalitionen gab es? Waren diese stabil oder wechselten sie? Wer saß zwischen den Stühlen?
- Herrschte eine Stimmung der achtsamen Einfühlung oder eher der Abkapselung bzw. des Rückzugs vor? Bis zu welcher Stufe konnten die Konflikte eskalieren? Wie wurde im Konflikt mit der sensiblen Dimension »Nähe – Distanz« umgegangen? Wurde eher gefühlsbetont oder eher gefühlsarm agiert/reagiert? Welche Drohgebärden wurden eingesetzt? Wie signalisierten die Beteiligten, dass Grenzen erreicht waren?
- Können Sie sich eher an ein Klima der Flexibilität, Kreativität oder eher an ein Klima des Beharrens und der Rigidität erinnern? Wurde in Konfliktsituationen eher aggressiv (Wut, Hass), depressiv (Schweigen, Trauer, Resignation) oder initiativ (anpackend, Lösungen anbietend, respektvoll, mitfühlend) reagiert?
- Wie sieht Ihre Gesamtbilanz zum Thema Konflikt aus? Überwiegen eher positive, negative oder neutrale Assoziationen?

Ihre Erinnerungsbilder beeinflussen Ihre Gegenwart.

Vergleichen Sie einmal die Umgangsformen Ihrer Ursprungsfamilie in Konfliktsituationen mit denen, die Sie heute selbst einsetzen. Sind sie anders? Wenn ja, worin unterscheiden sie sich? Haben Sie bewusst entschieden, anders damit umzugehen, oder hat es sich einfach so ergeben? Sind Sie mit den Umgangsformen zufrieden, über die Sie/Ihre Familie im Konfliktfall verfügen?

Langlebige Konflikte

Manche Familienkonflikte, die täglich ihre Anlässe suchen, befrieden sich erst nach 15 oder 20 Jahren.

Familienmitglieder differenzieren sich aneinander, miteinander und gegeneinander aus. Sie verhelfen sich zu gemeinsamen, jedoch unterschiedlich erlebten Erfahrungen und zu Handlungs- und Wertvorstellungen. So entwickeln sie Vorstellungen von sich und der Welt und erfahren sich im »Miteinandersein« eingebunden in ein Größeres. Konflikte gehören dazu. Wer konstruktiv mit ihnen umgehen will, sollte sie achtsam wahrnehmen und ihre tatsächlichen Inhalte erschließen. Üben Sie sich in Geduld; ein Konflikt braucht Zeit, um seinen tieferen Sinn zu erschließen.

Eltern lassen ihren Kindern Zeit zur Entwicklung körperlicher und sprachlicher Fertigkeiten und fördern ihre Bildung, aber nur selten zeigen sie, wie man kommuniziert oder Probleme löst und tragende Ich-Du-Beziehungen eingeht. Das ist aber nötig, denn das Leben, die Beziehungen oder auch das Menschsein als solches sind weder heil noch konfliktfrei oder auch nur konfliktarm.

Es bleibt uns also nur die Kommunikation über unsere Konflikte, und die will gelernt sein.

Wie würden Sie entscheiden?

Gehen Sie niemals davon aus, das ein Verhalten »normal« ist. Erst Ihre Reaktion kann es dazu machen.

Schwer zu ertragen: Wenn das Kind so gar nicht »lieb« ist.

Denken Sie sich in folgende Alltagskonflikte ein:

- Ihr Kind beschädigt, beschmutzt mit Absicht Gegenstände oder mindert sie in ihrem Wert.
- Ihr Kind nimmt dem Geschwister etwas weg und gibt es nicht mehr her.
- Ihr Kind fügt seinem Geschwister durch Schlagen, Umwerfen, Zwicken oder Ein-Bein-Stellen absichtlich Schmerzen zu.
- Ihr Kind droht seinem Geschwister, wenn es dies oder das tut: »Gib mir sofort den Ritter, sonst kriegst du Prügel!« »Wehe, du sagst das Papa, dann kannst du was erleben!«
- Ihr Kind zeigt Geringschätzung, indem es sich von einem Geschwister abwendet, ihm nicht antwortet, Ekel und Verachtung in der Mimik zum Ausdruck bringt, sich die Nase zuhält oder andere Geschwister dazu ermuntert, es auszugrenzen.
- Ihr Kind reagiert auf Ihren Wunsch, etwas zu tun oder jemandem zu helfen, feindselig, passiv oder mit Schmollen (»Immer ich …«) und beharrt auf Hilflosigkeit.
- Ihr Kind ruft beleidigende Schimpfwörter oder Verwünschungen mit entsprechender Gestik: Es streckt die Zunge heraus, zeigt den »Stinkefinger« …

Wie reagieren Sie darauf? Ignorieren Sie das Vorgehen? Mischen Sie sich ein? Schützen Sie das »schwächere« Kind? Worauf kommt es Ihnen dabei an? Wohin soll der Weg in solchen Situationen führen, und wie erreichen Sie Ihr Ziel am besten?
Nur wenn Sie für sich eine Richtung haben, können sich die Vorgänge, in die Sie eingreifen, auch ordnen.

Sind wirklich Sie, die Eltern, angesprochen?
Im Konfliktalltag sprechen die Kinder so manchen Satz aus, der bei den Eltern als Appell an sie ankommt.
Was für Gefühle lösen folgende Sätze bei Ihnen aus und wie reagieren Sie darauf?

»Das ist gemein! Lass los, du blöde Kuh! Papa! Maike hat mich in die Backe gezwickt! Gar nicht wahr! Jetzt bin aber ich dran! Na warte, das zahl ich dir heim! Ich will aber auch so lange aufbleiben wie Milena! Warum kriegt Mark mehr Taschengeld als ich? Hau ab, du stinkst! Jungen sind stark, Mädchen sind Quark! Petze, Petze ging in'n Laden … Was kann ich dafür, dass der so blöd ist?«

Müssen wir immer eingreifen und unterbinden? Oder dürfen wir die Botschaft eines Satzes auch einmal in Frage stellen und gemeinsam mit den Kindern prüfen, ob er überhaupt zutrifft? Dürfen wir uns zurücknehmen und zuschauen, was weiter passiert?

Äußerungen von Eltern sind oft nicht besser.

Auch wir Eltern neigen zu verletzenden Pauschalaussagen: »Warum zankt ihr euch denn schon wieder? Wie oft muss ich euch das noch sagen? Wenn jetzt nicht Schluss ist, fällt der Besuch im Zoo endgültig aus! Ihr müsst doch nicht immer gleich in die Luft gehen! Lass den Timo in Ruhe! Wenn du dein Zimmer nicht aufräumst, kriegst du kein Eis! Versöhnt euch endlich, sonst erzähle ich das heute Abend Papa. Wenn das wieder eine Fünf wird in Mathe, fällt dein Training vorläufig aus. Wie Ihr Euch wieder aufführt! Noch einmal, dann setzt es was! Reißt Euch zusammen! Ihr seid schlimmer wie Hund und Katze! Ihr seid beängstigender wie heulende Wölfe!«

Ausweg aus der Zwickmühle

Schuldzuweisungen sind Beziehungskiller. Das kann nicht Ihr Ziel sein.

Weder die Sätze der Kinder noch die Appelle der Eltern sind auf eine Lösung ausgerichtet. Sie schreiben die Situation fest, wie sie ist, oder bieten zumindest nichts an, was den Horizont erweitert. Sie sind Beziehungskiller. Leider werden sie trotzdem ständig von allen Seiten eingesetzt und nehmen Einfluss auf das Klima. Deshalb ist es so wichtig, die alltäglichen Geschehnisse achtsam wahrzunehmen.

Letztendlich werden Sie immer wieder prüfen müssen, was Ihre Ziele sind. Was wollen Sie erreichen?

Hürden der Kommunikation, deren Nichtbeachtung Alltagskonflikte verfestigen kann:

- Gesagt ist noch nicht gehört.
- Gehört ist noch nicht verstanden.
- Verstanden ist noch nicht einverstanden.
- Einverstanden ist noch nicht durchgeführt.
- Durchgeführt ist noch nicht erfolgreich durchgeführt.
- Einmal erfolgreich ist noch nicht auf Dauer erfolgreich.

Formen kindlicher Aggressivität

Deutlich sichtbar ist die Wut von Kindern, wenn sie schlagen, kratzen, beißen oder böse Wörter sagen.

Manchmal erkennt man die aggressive Qualität eines Verhaltens aber erst auf den zweiten oder dritten Blick – wenn Kinder z. B. lügen, jemanden ausgrenzen oder sich passiv verweigern.

Nicht immer reagieren die Kinder direkt-aggressiv.

Manche Aggressionen gehen nach innen: Kinder rennen gegen Türen, kauen Nägel, reißen sich Haare aus oder ritzen ihre Haut.

Jede Form von Aggression ist eine Antwort auf Grenzüberschreitungen von außen oder auf innere Prozesse bzw. Widerstände, z. B. nach eigenem Scheitern.

Die realistische Einschätzung der eigenen Fähigkeiten, der eigenen Handlungsmöglichkeiten, die empfundene, eigene Abhängigkeit in Bezug auf das Ganze wie auch die empfundene Abhängigkeit vom Schicksal machen ebenfalls aggressiv, wenn Einschränkung erlebt wird.

Verdeckte und offene Konflikte

Ob es zu einer fruchtbaren Verarbeitung kommt, entscheidet die Familie mit, indem sie den aktiven Umgang mit Konflikten pflegt oder zur Konfliktverdeckung neigt. Je fester Konflikte abgeschlossen sind, desto zerstörerischer wirken sie.

Ein verdeckter Konflikt kostet Kraft, bindet Energien und löst Kränkungen aus.

Ein verdeckter Konflikt kann die Zusammengehörigkeit und gemeinsame Identität als Grundlage des Alltagshandelns zerstören. Ein verdeckter Konflikt vernichtet Lebensfreude und Lebenssinn, verhindert das Verflüssigen von Schwierigkeiten, fixiert den einmal geschaffenen Status quo und verhindert Zukunftsgestaltung.

Ein offener Konflikt hingegen verhindert Stagnation, er weckt Spannung und Neugier. Er ist eine Chance zur Veränderung der Persönlichkeit, der Beziehung der Beteiligten und der Familie wie auch ihrer Werte. Er zeigt mit einem Problem auch dessen Lösung auf, führt zu Selbstvertrauen, ist eine Herausforderung für alle und hilft, das Zusammenspiel zu verbessern. Ein offener Konflikt, der zur gemeinsamen Lösung findet, erzeugt ein positives Grundgefühl.

Gewaltfreie Konfliktlösung, gibt es das?

Konflikte bewältigen heißt, starke Gefühle zu handhaben, die sich in einer Person streiten und nach einem Ventil suchen. Konflikte auszutragen erfordert Mut. Ob dabei konstruktiv gewaltfrei gehandelt wird oder nicht, hängt davon ab, in welcher Weise Situationen wahrgenommen werden.

Ein unterstützendes Familienklima ist hilfreich. Lassen Sie niemals zu, dass gewaltförmige Handlungsweisen als »Instrumente der Konfliktlösung« auf Dauer unhinterfragt angewandt werden – egal, ob es sich um verbale, psychische, körperliche oder strukturelle Gewalt handelt.

Kinder brauchen Orientierung

Vergessen Sie nie: Jedes Kind *ist* seine Gefühle und kann nicht wie der Erwachsene seine Gefühle *haben*. Deshalb sehnt sich auch jedes Kind nach Erwachsenen, die seinen geordneten und ungeordneten Gefühlen bzw. Impulsen antworten und ihnen standhalten. Nur so können diese inneren Ambivalenzen ihre angemessene und reife Form finden.
So wie jede Kultur ihre Mitglieder formt, so wirken auch die Bedürfnisse der Mitglieder auf die (Familien-)Kultur zurück. Kinder zeigen Erwachsenen, wie man für elementare Bedürfnisse einsteht, ihre Befriedigung einfordert, wie man um Zuwendung, Anteilnahme und Interesse ringt und wie wichtig es ist, dass das eigene Mitteilungsbedürfnis Gehör findet.
Kinder erleben sich einerseits als schwach, ohnmächtig, hilflos, überfordert – aber auch als stark, fordernd und machtvoll. Und sie erleben, dass sie unterschiedlich gewertet werden, oftmals für ein und dasselbe Verhalten. Die Bewertungen sind schmerzhaft, beschämend und verletzend.

Aggression im positiven Sinne ist der unmittelbare Drang, in seiner Entwicklung Fortschritte zu machen.

Gefühle verletzen nicht, nur ihre Bewertung

Jede Bewertung von Gefühlen schützt die Erwachsenen vor sich selbst. So kann vieles abgetrennt bleiben, was zum eigenen Menschsein dazu gehört. Damit wird aber auch ein Stück Lebendigkeit tiefgefroren. Eltern sollten ihren Kindern deutlich machen, was sie meinen, was sie wollen und warum.
Konflikte sind belastend. Was uns ein wenig trösten kann: Konflikte weisen auf den Veränderungsbedarf in der persönlichen Lebenssituation mindestens eines der Familienmitglieder, in den familiären Beziehungen oder in geschwisterlichen Konstellationen hin. Sie haben also einen Nutzwert, wenn uns an der Gemeinschaft und ihren Mitgliedern liegt.

Es ist wichtig, dass sich die Erwachsenen der Auseinandersetzung mit den Kindern stellen.

Eltern, Kinder und Konflikte

»Wer an der Entwicklung von Lösungen beteiligt war, ist auch bereit, für ihre Umsetzung Verantwortung zu übernehmen«, könnte eine Leitlinie sein, von der sich Eltern in ihrem Erziehungsverhalten führen lassen. Sie vermitteln ihren Kindern so Einblick in die Gesetzmäßigkeiten von Konflikten:

- wie sie entstehen,
- wie man ihnen vorbeugen kann,
- wie Konfliktmanagement im familiären Umfeld sinnvoll eingesetzt werden kann (Familienrat),
- was sie selbst zur Bewältigung leisten können,
- wie eine Lösung aussehen und wer helfen kann.

Jeder Konflikt geht die ganze Familie an

Ein bereinigter Konflikt stärkt die Familie.

Wird ein Geschwisterkonflikt zur Privatsache von zwei oder drei Kindern erklärt, erfährt man als Eltern vermutlich nie, welchen Veränderungsbedarf er anzeigt.

Um einen Zugang zu dem zwar nicht geheimen, aber verschlossenen Wissen, das in dem Konfliktfeld steckt, zu gewinnen, muss man sich dem Konflikt zuwenden. Er zeigt, hier passt etwas nicht zusammen. Bis vor einiger Zeit hat es vielleicht noch gepasst, jetzt nicht mehr. Nur die beteiligten Konfliktparteien haben – möglicherweise ohne dass sie es selbst wahrnehmen – den »Not-wendigen« Einblick, und Eltern können helfen, diesen Einblick auch wahrzunehmen und zu äußern (siehe Kasten auf dieser Seite).

Kinder erfahren so Grundsätzliches über Probleme, ihre Formen und Gesetzmäßigkeiten und die Möglichkeit, sie zu versprachlichen: Ich habe ein Problem, das mich bedrückt. Der andere hat ein Problem, das ihn bedrückt. Es gibt Probleme zwischen den Eltern. Es gibt andere, die die ganze Familie betreffen. Wessen Bedürfnisse sind beeinträchtigt? Wen stört das Problem am meisten? Wer spricht es an? Wer ist zuständig für die Lösung?

Elterliches Verhalten in Alltagskonflikten: Ein Modell

Eltern verfolgen das Verhalten der am Konflikt beteiligten Kinder und enthalten sich dabei jeder Reaktion, um die Situation nicht zu beeinflussen. Sie zeigen, dass sie den Konflikt begleiten, um zu sehen, ob sich dadurch etwas ändert. Wenn der Konflikt eskaliert, halten sie den tobenden Angreifer fest, trennen die Kinder oder nehmen Zankapfel-Gegenstände vorübergehend weg. Eltern verlangen die Beendigung eines Verhaltens, ohne mit Strafe zu drohen, oder fordern zu erwünschtem Verhalten auf. Wenn das unerwünschte Verhalten anhält, stellen sie eine Strafe in Aussicht und drohen Konsequenzen an. Die strafende Konsequenz sind Maßnahmen, von denen die Eltern glauben, dass sie dem Kind unangenehm sind. Ihre Missbilligung trifft sowohl das Verhalten als auch die Stellung des Kindes in der Geschwistergruppe.
Sie regen die Kinder an, eine eigenständig erarbeitete Vereinbarung zu treffen. Sie machen sichtbar, was hinter dem Aufbrausen eines Kindes steckt; das wirkt entspannend. Eltern arbeiten darauf hin, dass Kinder sich zutrauen, aggressive Situationen eigenständig und gut abzuschließen. Sie wollen die Gefühle ihrer Kinder in Konfliktsituationen verstehen – etwa durch Nachfragen oder durch fragendes/offenes Vermuten – und anerkennen.

Eltern schlagen den Kindern einen Kontrakt vor, der alle trotz unterschiedlicher Interessen zufrieden stellt.

Ein einfaches Beispiel: *Michael kommt unter Druck und gereizt von der Schule nach Hause, schnauzt seinen Bruder Dominik* *schon beim Hereinkommen an und beleidigt ihn. Da legt ihm der Vater die Hand auf den Arm und fragt: »Sag mal, kann es sein, dass für dich in der Schule heute nicht alles optimal gelaufen ist, so wie du dich aufführst? Was war denn los? Hast du bemerkt, dass du Dominik unrecht tust? Was denkst du, wie der sich jetzt fühlt? Magst du uns nicht lieber erzählen, was war? Und siehst du eine Möglichkeit, das bei Dominik wieder gutzumachen?«*

Verhalten in Konfliktfällen: Ein Gegenmodell

Umdenken lohnt sich.

Eltern können natürlich auch in Tränen ausbrechen, toben vor Wut, Kinder in Einzelquarantäne stecken, aus Enttäuschung nicht mehr mit ihnen reden, weil sie böse sind. Sie können:

- ihr Kind entmutigen: »Ich geb's auf, du lernst es nie!« »In einer Viertelstunde drei Spielsachen aufgeräumt, na bravo, da sitzt du heute Nacht noch da.«
- ihr Kind an den Pranger stellen und es damit in die innere Verweigerung schicken: »Wie oft habe ich dir schon gesagt, dass ... Du hast schon wieder angefangen. Das ist mir unbegreiflich, wie kann sich ein Kind nur so aufführen? Immer bist du es!«
- erniedrigend sein: »Du bist doch wirklich manchmal saudumm! Wenn du so bist, habe ich das Gefühl, du bist das Kind anderer Eltern.«
- mit Halbwahrheiten operieren, lügen, abwerten, mobben, Luft ablassen und aushungern.
- zwingen, überzeugen, überreden, überrollen, überfahren, den Willen durchsetzen, Macht ausüben und Verhalten durch Regeln blockieren.

Wenn Ihnen etwas an konstruktiver Konfliktlösung liegt, werden Sie festgefahrene Bilder vom Konfliktpartner auflösen helfen.

Sie können aber auch sagen: »Fred ist nicht immer so, z. B. am Montag, da war das ganz anders …« und durch Ersatzhandlungen dafür sorgen, dass Kinder ihren Ärger loswerden. Sie können das Ziel der Handlungen zeigen und Verständnis für destruktive Konfliktbewältigung der Kinder aufbringen, um dann zu Besinnung und Annäherung aufzurufen und Ihre Kinder für positives Konfliktverhalten zu loben.

Umgang mit Konflikten

Konflikte resultieren eher daher, dass die Parteien nicht wissen, wie sie sie lösen können, als dass sie sie nicht lösen wollen.

Konfliktlösungsprozesse fordern gegenseitige Wertschätzung. Je nach Alter der Kinder und je nach Konfliktaufladung müssen Eltern die Prozesse vorbereiten und die Kinder anleiten. Die Beteiligten einer Übereinkunft halten sich eher an die Bestimmungen, wenn sie selbst für das Ergebnis (mit-)verantwortlich sind und dadurch den Prozess, der zur Übereinkunft geführt hat, akzeptieren.

Alle Beteiligten sind Mitverursacher des Konfliktes. Deshalb geht es nicht darum, Schuldige zu finden, sondern jeden in seine Verantwortung in Bezug auf den Konflikt zu stellen.

Schön, wenn sich ein Konflikt so lösen lässt, dass alle dabei gewinnen.

Menschen treffen vollständigere und damit bessere Entscheidungen, wenn sie die Gefühle, die durch Konflikte entstehen, bewusst wahrnehmen und in die Entscheidungen integrieren. Deshalb sollten Gefühle, die der Konflikt auslöst, in die Schlichtung einbezogen und – wo möglich – bereinigt werden.

Am besten werden Konflikte direkt und offen sowie unverzüglich bearbeitet, solange sie noch »heiß« sind (siehe S. 114). Die Eltern sollten den Abhilfe-Vorschlägen der Kinder Vorrang einräumen.

Wenn ihre Hilfe nötig wird, sollten sie abgestufte Maßnahmen vorschlagen.

Eltern können:

- ihre Kinder mit einem schwelenden Konflikt konfrontieren oder einen wahrgenommenen Konflikt umgehen,
- dafür sorgen, dass alle in der Konfliktbearbeitung kooperieren und an der Lösungsentwicklung teilnehmen,
- einen Konflikt zu einem für alle gangbaren Kompromiss führen.

Wer einen Konflikt bearbeiten will, muss ihn beschreiben und benennen. Die Konfliktpartner müssen sich mögliche Lösungen überlegen und eine Wertung ihrer Vorschläge vornehmen.
Nicht zuletzt müssen sie sich auf eine für alle Seiten optimale Lösung verständigen und gemeinsam dazu beitragen, dass die gewählte Lösung realisiert wird.
Schön, wenn die Beteiligten die gemeinsame Anstrengung anerkennen und sich am gemeinsamen Erfolg erfreuen können.

Sind Strafen sinnvoll?

Bestrafungen gehen oft über den Konflikt hinweg, bügeln ihn nieder und erzeugen Sekundärkonflikte.

Meist hält die Wirkung von Bestrafungen nur so lange an, wie die Kontrolle da ist. Kinder werden ihr Verhalten auch ohne Bestrafungen verändern, wenn sie die Eltern als fair und respektvoll erleben.
Verbote, die nicht einsichtig sind, erzeugen Widerstand.
Kinder brauchen deshalb von den Eltern Informationen und vernünftige Begründungen, um ihr Verhalten selbst überprüfen zu können.
Eine grundsätzlich strafende und bestimmende Haltung der Eltern führt dazu, dass Kinder anfangen zu verschweigen oder zu lügen, um sich Strafen zu ersparen. Der vertrauensvolle Kontakt zwischen Eltern und Kind ist gestört. Es lohnt also, sich Gedanken über Strategien der Konfliktbehandlung zu machen.

Allzu nahe liegender Umgang mit Konflikten und mögliche Alternativen

Allzu nahe liegend:	**Alternativ:**
Sie üben Druck auf Ihr Kind aus.	Sie versuchen zu überzeugen.
Sie greifen eines Ihrer Kinder persönlich an.	Sie stellen das Problem, das Sie mit Ihrem Kind haben, in den Mittelpunkt.
Sie versuchen, selbst zu gewinnen und Ihr Kind zu »vernichten«.	Sie suchen einen gemeinsamen Weg zur Lösung des Problems.
Sie legen sich früh bei Ihrer Meinungs- oder Urteilsbildung fest.	Sie bleiben für Argumente offen.
Sie sind auf bestimmte Positionen festgelegt.	Sie bekunden Interesse für andere Sichtweisen.
Es gibt für Sie nur ein Entweder-oder, die Möglichkeiten sind dadurch begrenzt.	Sie nutzen für sich und Ihr Kind eine breite Palette an Möglichkeiten.
Sie versuchen, den Willen Ihres Kindes zu brechen.	Sie versuchen, Ihr Kind mit Sachargumenten zu überzeugen.
Sie setzen Ihr Kind unter Druck (z. B. Zeitdruck) und lassen ihm keine Rückzugsmöglichkeiten.	Sie gewähren Momente der Nachdenklichkeit und der Besinnung.

Handlungsvorschläge für schwierige Situationen

Was können Sie tun, wenn ...

... Ihre Kinder verallgemeinern, z. B.: Tom ärgert seinen Bruder Heiko ununterbrochen. Keiner scheint es zu bemerken.

Heiko: »Niemand interessiert sich dafür, wie ich mich fühle!«

Vater: »Sag uns, wer von uns sich um dich kümmern soll.«

Heiko: »Tom macht mich immer ganz verrückt!«

Mutter: »Sag uns ein Beispiel, wie er das schafft. Was macht er da? Wir wollen das gern besser verstehen.«

Wichtig: In Du-Botschaften kommunizieren.

... Ihre Kinder beschuldigen, z. B.: Sven nimmt seiner jüngeren Schwester Roja die Haarbürste weg und hält sie hoch, zur Strafe, weil sie ihn ihre Limo nicht hat austrinken lassen.

Roja: »Du hast mich schon wieder geärgert, du bist immer so gemein zu mir ...!«

Vater: »Sag uns, wie er das fertig bringt und was er in Zukunft anders machen soll.«

... Ihre Kinder so fragen, dass die Antwort, die sie für richtig halten, schon als Aussage in der Frage enthalten ist, z. B.: Peter beginnt zu essen, obwohl noch gar nicht alle am Tisch sitzen. Silke ärgert das.

Silke: »Ist das nicht asozial, anzufangen, bevor alle da sind?«

Mutter: »Wie fühlst du dich denn, wenn Peter das tut?«

Vater: »Du meinst also, dass das nicht recht ist, was er getan hat?«

Mutter: »Wie hättest du dir denn sein Verhalten gewünscht?«

... Ihre Kinder sich selbst bemitleiden, z. B.: Erika und Elvira spielen *Mensch ärgere dich nicht*. Die kleine Nora würde gerne mitspielen.

Nora: »Immer werde ich ausgeschlossen, das tut mir furchtbar weh und kränkt mich.«

Vater: »Du hast die Hoffnung schon ganz aufgegeben, dass es auch einmal anders sein könnte? Wie kommt das? Was tun die anderen dazu und was tust du dazu, dass es so ist?«

... Ihre Kinder sich auf andere beziehen und deren »Autorität« zu Hilfe holen, z. B: Maria wirft Roland vor, dass er immer Streit anfängt, und um Recht zu behalten, erklärt sie, Winfried und Marvin sagen das auch.
Maria: »Winfried und Marvin denken genauso!«
Mutter: »Sprich für dich, die anderen können für sich reden!«

... Ihre Kinder für andere sprechen, z. B.: Sonja, die Ältere, springt für ihren Bruder Ferdi in die Bresche.
Sonja: »Ich glaube, was Ferdi euch sagen will, ist Folgendes ...«
Vater: »Schön, dass du Ferdi unterstützen möchtest, aber glaubst du nicht auch, dass er für sich selber sprechen kann?«

... Ihre Kinder ein anderes Familienmitglied unterbrechen, z. B.: Franka redet los, während Linda aus der Schule erzählt.
Mutter: »Franka, jetzt ist Linda dran. Nachher will ich gerne deine Meinung hören.«

Es ist ratsam, wenn Eltern dem unterbrechenden Kind nicht zu viel Aufmerksamkeit schenken.

... Ihre Kinder sich zurückziehen, z. B.: Zora sitzt stillschweigend und teilnahmslos da.
Vater: »Wäre schön, Zora, wenn auch du sagen könntest, wie es dir geht. Kann es sein, dass du nicht gesehen wirst?«

Ihre Aufgabe: Eltern achten darauf, welche Geschwisterpositionen sie stärken oder schwächen und ob das für das einzelne Kind gut oder schlecht ist. Es ist ihnen auch klar, was ein Kind leisten muss, um eine bestimmte Lösung zu realisieren.
Achten Sie darauf, dass kein Kind »sein Gesicht verliert«. Wenn eine Situation trotzdem so empfunden wird, sprechen Sie es an und zeigen Sie Ihre Wertschätzung.

Anlässe für Konflikte

Hinter Streitthemen und Konfliktmustern verbergen sich Kernfragen, die entdeckt werden wollen.

Oft führen Nichtigkeiten zum Streit. Hier zwei Beispiele:

- Seit Tagen geht es zwischen Karl, fünf Jahre, und Denise, vier, darum, dass Karl in Ruhe gelassen werden will. Nun sitzen sie am Tisch und warten auf das Essen. Denise rutscht mit ihrem Ellbogen aus Versehen auf »Karls Seite«, dieser schreit: »Bleib gefälligst auf deiner Seite, das ist mein Platz!«
- Patrick kommt gereizt von der Schule, es lief nicht so gut. Ines ist gut gelaunt eingetroffen: Sie genießt den Schulalltag. Am Mittagstisch nimmt sich Ines vor Patrick Lasagne. Patrick brüllt: »Musst du dich denn immer vordrängen!«

Das Streitthema ist oft nur Symptom. Die Familie versucht aber, den Konflikt durch Arbeit am Symptom zu beseitigen, anstatt danach zu graben, was sich dahinter verbirgt. So dauert es meist nicht lange, bis derselbe Konflikt in neuem Kleid wieder auftaucht – bis die Ursache verstanden wird. Kinder wiederholen bestimmte Streitabläufe und -themen oft, bis die Eltern begreifen, worum es tatsächlich geht.

Die Entdeckung der Streitebene

1. Streitebene

Manchmal können jüngere Kinder die Wirkung ihres Verhaltens nicht einschätzen. Solange das Jüngste durch die Spiel-Arrangements seines Geschwisters krabbelt, fühlt sich das Große ohnmächtig. Eltern sollten dem Kleineren Grenzen setzen.

2. Streitebene

Frank ärgert Silvia, bis sie kocht. Obwohl er dafür eine deftige Abreibung bekommt, erlebt er sich mächtig. Eltern halten das oft kaum aus. Sie haben Angst, das Ganze könnte eskalieren. Denken Sie, dass Sie sich schuldig machen oder schlechte Eltern sind, wenn Ihre Kinder streiten? Wenn Sie vor lauter Angst jeden Konflikt unter den Teppich kehren, nehmen Sie Ihren Kindern die Chance, Konflikte miteinander lösen zu lernen.

3. Streitebene

Geschwister, die sich zu nah sind und ihre Unterschiedlichkeit nicht wahrnehmen, suchen Abgrenzung, indem sie einen Streit anzetteln. Wenn sie wenig Platz haben oder viel Spielzeug als »gemeinsam« teilen müssen, entlädt sich auch das im Streit.

4. Streitebene

Jedes Kind will sich bei den Eltern positionieren und buhlt um die Zuwendung der Eltern.

5. Streitebene

Alle Familienmitglieder erleben Selbstzweifel, aber auch Euphorie. All das kann zu Streit führen.

6. Streitebene

Kinder finden Rollenzuschreibungen, die ein ungutes Gleichgewicht begünstigen, ungerecht, z. B., wenn Eltern ein Kind den anderen immer als Vorbild hinstellen.

7. Streitebene

Konflikte um Nähe und Distanz zwischen Jungen und Mädchen lassen sich nicht aufheben. Aus ihnen entsteht der konstruktive Umgang miteinander.

8. Streitebene

Elterliche Aufträge und besondere (Gegen-)Bündnisse mit Vater oder Mutter schaffen besonders unzugängliche Konfliktherde.

9. Streitebene

Störfeuer, das Kinder oder Eltern von außen in die Familie hineinbringen, z. B.: Streit mit einem Freund.

Konfliktverläufe

Schalten Sie auf Zeitlupe und nehmen Sie sich ein Vergrößerungsglas, wenn Sie aus einem Konflikt ausbrechen wollen. Beobachten Sie den Verlauf: Was war vorher? Was geschah?

Streit macht blind.

Wenn sich ein Konflikt zuspitzt

- Die Aufmerksamkeit der Partner wird selektiv, d. h. manche Dinge werden schärfer, andere nicht gesehen.
- Ärgerliche und störende Eigenschaften fallen auf, gute werden übersehen.
- Die mittel- und langfristigen Folgen des eigenen Tuns verschwinden immer mehr aus dem Bewusstsein.
- Die chronologische Reihenfolge wird verkehrt.
- Vielseitige Situationen werden vereinfacht.
- Es wird nur noch das gesehen, was der eigenen Meinung und den eingeschliffenen Denkmustern entspricht, bestehende Vorurteile verfestigen sich.

Um einem Konflikt die Spitze zu nehmen, können Eltern:

- dazu anregen, ein gemeinsames Vorgehen abzustimmen,
- eine Sprache einfordern, die eine akzeptierende Grundhaltung vermittelt,
- dafür sorgen, dass die persönliche Integrität gewährleistet ist,
- als Regel festlegen, dass in der Sache gestritten wird, ein Vorgehen eventuell verurteilt wird und alle Beteiligten grundlegend respektiert werden,
- Sicherheit garantieren,
- einfühlsam sein,
- Interessen gleichwertig betrachten und existenzielle Bedürfnisse anerkennen,
- dazu beitragen, dass jedes Familienmitglied das Gesicht wahren kann und familiäre Verhaltensnormen respektiert werden,
- anregen, dass nach einem Ausgleich gesucht wird und ungeschriebene Regeln beachtet werden.

Konflikteskalation

Oft liegt der eigentliche Konfliktstoff in der Tiefe.

Was tun, wenn sich eine aggressive Grundstimmung etabliert, die nach Konfliktstoff sucht und nicht mehr von einem einzelnen Konflikt ausgelöst sein kann?
Diese Situation erfordert genaues Hinschauen. Die Eltern haben dabei folgende Fragen im Hinterkopf:

- Fühlt sich eines der Kinder nicht gesehen, nicht in die Familie aufgenommen?
- Wird einem Kind die Befriedigung eines anderen wichtigen Grundbedürfnisses versagt? (Bewegungs- und Erkundungsdrang, Selbsterprobung, Rückzugsmöglichkeit usw.)
- Ist das Verhältnis der Eltern gespannt, überträgt sich die Spannung auf die Kinder?
- Sitzen die Kinder zu viel aufeinander? Müssten sie mal wieder raus und sich mit anderen treffen?
- Sind die Eltern zu sehr mit Eigenem beschäftigt? Kann das Kind ihre Aufmerksamkeit nicht wecken und versucht es mit Ungezogenheit?
- Wird das Kind mit seinen Wünschen nicht gehört? Kann es berechtigte Wünsche nicht durchsetzen?
- Nehmen die Eltern ihre Kinder ernst, hören sie ihre Argumente und handeln sie auch einmal etwas mit ihnen aus?
- Setzt das Kind seine Wünsche leichter durch aggressives Verhalten als durch freundliches Anfragen durch?

Das Ergebnis einer gelungenen Konfliktlösung ist:

- klar, d. h. eindeutig in seiner Auslegung
- realisierbar, d. h. kein Luftschloss
- fair, d. h. niemand wird übers Ohr gehauen
- zweckdienlich, d. h. es nützt allen.

Unzuträgliche Erziehungsstile

Fehlverhalten von Eltern führt zur Konflikteskalation.

Falsche Erziehungsstile können Konflikte entfachen:

- Vernachlässigung: Die Eltern sind gleichgültig, bieten wenig Zuwendung und stehen als Vertraute nicht zur Verfügung. Die Kinder fühlen sich verlassen und ungeliebt.
- Verwöhnung: Den Kindern wird jeder Wunsch erfüllt. Die Eltern unterfordern sie und bieten Statussymbole (Kleidung, Spielzeug, Freizeitaktivitäten). Die Kinder werden verweichlicht, wenig leistungsorientiert, können ihre Fähigkeiten und Kraft nicht erproben und entwickeln kaum Selbstvertrauen.
- Überbehütung: Hier ergreifen Eltern Besitz von ihren Kindern und erdrücken sie mit Fürsorge. So bleiben die Kinder abhängig, werden nicht selbstständig und lösen sich nicht ab.
- Autoritäre Erziehung: Neugier, Eigenwille und Eigenständigkeit werden unterdrückt. Die Eltern erziehen durch Ge- und Verbote auf bestimmte Leitbilder hin. Abweichende Reaktionen werden besonders hart bestraft, wenn sie als Ausbruchsversuch verstanden werden. Die Eltern machen nur selten von Bestätigung, Ermutigung und Lob Gebrauch.
- Antiautoritäre Erziehung: Eltern verzichten auf Regeln und Strafen und wollen uneingeschränkte Entfaltungsmöglichkeiten bieten. Oft nutzen die Kinder die Nachgiebigkeit der Eltern aus und fordern totale Freiheit bezüglich Schlafenszeit, der Lautstärke von Musik usw. Sie haben wenig Leistungsmotivation und werden egozentrisch.
- Normenlose Erziehung: Wenn die Beziehung der Eltern konfliktreich ist, können sie sich oft nicht auf Erziehungsziele einigen. Manchmal sind Regeln aber auch so unklar, dass Kinder sie nicht wahrnehmen. Die Kontrolle der Eltern erfolgt dann durch Bitten, Anordnungen und Strafen.
- Unbeständige Erziehung: Haben die Eltern unterschiedliche Erziehungsziele und setzen sie unterschiedliche Mittel ein, wird ihr Vorgehen widersprüchlich oder gar chaotisch.

Zwölf Schritte zur Konfliktlösung

Es lohnt sich, diese Schritte zu gehen.

1. Die Grundhaltung: Änderung ist möglich, jederzeit.
2. Am Anfang steht die Anerkennung des Konflikts. Diese Anerkennung ist »Not-wendig«: Sie kann Not abwenden.
3. Sie nehmen eigene und fremde Gefühle bewusst wahr und teilen sie einander als Ich-Botschaft mit.
4. Sie können in die Haut des anderen schlüpfen, um aus seiner Perspektive zu sehen: Erkennen und verstehen, was ist.
5. Sie versprachlichen den Konflikt und definieren sein Feld: Was ist das Problem? Wer ist betroffen? Wen geht es an?
6. Sie formulieren in der Phase der Zielbenennung gemeinsam Punkte, die erreicht werden sollen. Welche Ziele verfolgt jeder Einzelne? Was soll verändert werden? Welches Ziel können alle akzeptieren? Was wäre der erste Schritt in Richtung Verbesserung?
7. Sie suchen gemeinsam nach Lösungsmöglichkeiten, ohne zu bewerten. Alle dürfen und sollen mögliche und unmögliche Vorschläge zur Problemlösung machen, die Sie sammeln.
8. Sie wägen Lösungsvorschläge ab, bewerten sie und sagen ehrlich Ihre Meinung darüber. Nur so können Kompromisse gesucht und gefunden werden.
9. Sie entscheiden sich gemeinsam für einen Lösungsvorschlag. Jeder übernimmt Verantwortung für die Einhaltung der Abmachung. Wer wird aktiv, wenn es nicht klappt? Was geschieht, wenn einer die Abmachung nicht einhält?
10. Sie setzen eine Frist fest: Bis wann soll der gefundene Lösungsvorschlag erprobt werden? Danach gibt es eine Rücksprache, in der alle sagen, ob das gewählte Vorgehen funktioniert. Noch ist nichts endgültig.
11. Sie überprüfen die Situation zum vereinbarten Rücksprachetermin. Was muss angepasst werden?
12. Sie treffen gegebenenfalls neue Vereinbarungen und erweitern die Ziele.

Heiße und kalte Konflikte

Konflikte können erfahrungsgemäß weder in heißem noch in kaltem Zustand gelöst werden.
Heiß meint: An die eigene Überlegenheit glauben; übermotiviert an den Konflikt herangehen; Kritik an der eigenen Motivation abwehren; sich voller Begeisterung für die eigenen Ziele erhitzen; Regeln des Verhandelns über Bord werfen; Explosionen, Ausbrüche und Angriffe entfachen; expansiv die Begegnung suchen.
Kalt meint: Sich von Angst und Ohnmacht bestimmen lassen; sich voller Selbstvorwürfe und Selbstkritik nach innen abschließen; für den Gegner nicht sichtbar werden; nicht an konstruktive Ziele glauben können; die Gegenpartei (aus-)bremsen; Auseinandersetzung behindern und blockieren; ausweichen durch Festlegen von Regeln und Prozeduren; blind sein für die Folgen, die für den Gegner entstehen; ein »Niemandsland« schaffen.

Streiten will gelernt sein

Türöffner setzen Sie in Gesprächssituationen ein, in denen Sie Ihren Kindern Gelegenheit geben wollen, sich mitzuteilen.

Türöffner helfen Ihnen, den persönlichen Bezugsrahmen Ihrer Kinder zu verstehen. Auch wenn die Tür offen ist, müssen Sie Zeit und Geduld in das angestoßene Gespräch investieren.

Folgende Türöffner haben einen vortastenden Charakter:
- Wenn ich dich richtig verstehe ...
- Du meinst ...
- Du hast das Gefühl, dass ...
- Aus deiner Perspektive ...
- Du bist traurig, enttäuscht, verärgert, sauer, glücklich ...

Bei Unklarheiten setzen Sie Klärungsfragen ein:

- Könnte es sein, dass …
- Ich frage mich, ob …
- Es hört sich an, als ob du …
- Irgendwie habe ich das Gefühl …
- Habe ich dich richtig verstanden …

Streiten und Aushandeln

Suchen Sie oder vermeiden Sie Streit? Egal zu welchem Verhandlungstyp Sie gehören: Ziel ist die gemeinsame Entwicklung einer allseits annehmbaren Problemlösung.
Aushandeln kann Spaß machen und führt oft zu kreativen Lösungen. Die Verantwortung ist dabei auf alle Schultern verteilt. Aushandeln spart letztendlich Zeit, da alle Beteiligten motivierter sind, die gemeinsamen Beschlüsse auch einzuhalten. Wenn die Kontrahenten die guten Gründe sehen, die der jeweils andere hat, fällt es leichter, eine Lösung zu erarbeiten.

Welchem Streittyp würden Sie sich selbst und Ihre Kinder zuordnen?

Soziale Kompetenz lässt sich trainieren

Wer erkennt, dass die Welt aus einem anderen Blickwinkel anders aussieht, kann Standortveränderungen bei anderen erkennen und sich für ein- und dieselbe Person unterschiedliche Standorte vorstellen.
Im Konflikt kommt diese Fertigkeit abhanden (siehe S. 110). Anscheinend untrennbar verknüpfen sich jetzt die Personen und ihre Standorte. Die Aufforderung, diese Verknüpfung aufzugeben, weckt unter Umständen massive Ängste. Appelle, den Blick zu weiten, sind dann fruchtlos. Jedes Familienmitglied sieht nur noch seine Seite des Problems, nicht die Sichtweise der anderen.

Wer seinen Standpunkt wechselt, verändert mit seiner Perspektive auch seine Welt.

Der Perspektivenwechsel in der Konfliktbearbeitung ist ein magischer Moment.

Deshalb sind in der Konfliktbearbeitung zwei Schritte wichtig.

- Erstens müssen Eltern dem beteiligten Kind helfen, bewusst zu machen: Wie habe ich den Anfang des Konflikts, wie seine Entwicklung erlebt? Denn in diesen Phasen waren die Positionen noch beweglich.
- Zweitens sind beide Kinder(-gruppen) dahin zu führen, dass sie zumindest für kurze Zeit die Welt aus der Perspektive des anderen wahrnehmen.

Hilfreiche Gesprächsregeln für Konfliktparteien

- Sachverhalte beschreiben statt bewerten,
- mit Situationsbeschreibungen beginnen, möglichst konkrete Beobachtungen ansprechen, keine Globalaussagen treffen,
- Gefühle direkt formulieren, nicht indirekt äußern
- von den eigenen Gefühlen sprechen, die das Verhalten eines anderen auslöst, nicht davon ausgehen, dass das auf alle Menschen so wirkt oder dass der andere diese Gefühle auslösen wollte. Nicht: »Das hält keiner aus, dass man ihm dauernd was wegnimmt!« Sondern: »Es macht mich wütend, wenn mein Spielzeug nicht da ist.«
- eigene Wünsche offen ansprechen,
- keine allgemeinen Appelle formulieren, sondern konkret sagen, was der andere tun oder ändern soll. Nicht: »Es ist unmöglich, wenn man dauernd nicht weiter spielen kann«, sondern: »Ich möchte, dass du, Thomas, meine Legos nicht mehr ungefragt benutzt.«

Der Blick auf den Konflikt braucht einen Halt gebenden Rahmen, etwa durch Fragen wie: Was ist geschehen? Wie wirkt der andere auf dich? Wo gibt es Verbindung zwischen euch?

Das Kind wird ermutigt, das eigene Befinden ernst zu nehmen und zugleich die Perspektive des anderen wertzuschätzen. Lösungen, die so erarbeitet werden, wurzeln im Erleben beider Parteien und haben für ihre Verwirklichung die gesamte Energie dieses Erlebens als Schubkraft hinter sich.
Ein Perspektivenwechsel lässt sich fördern, aber nicht erzwingen. Wenn er »geschieht«, erscheint den Betroffenen plötzlich alles in einem anderen Licht. Dieses Erleben hat oft große Wucht. Ohne das eigene Erleben zu entwerten, sieht und erlebt der Streitpartner die andere Seite, und jetzt entsteht ein gänzlich neues Gesamtbild.

Konflikte als Chancen

Wenn die Familie etwas verändern will, muss sie

- wissen, wovon sie ausgeht,
- eine Vorstellung davon haben, wohin sie will,
- mit allen Familienmitgliedern an das Neue herangehen,
- Sorge dafür tragen, dass das neue Verhalten und das dafür benötigte Können auch eingeübt werden,
- innerfamiliär regen Austausch zulassen,
- Verantwortung übernehmen für den Fortgang des Veränderungsprozesses,
- das Neue wirklich einführen und tun.

Diese Tipps hören sich sehr einfach an, gestalteten sich im Alltag aber mühsam.

Durch die permanente familiäre Nähe kann sich ein akuter Konflikt nur schwer abkühlen, und es entstehen ständig neue, explosive Kräfte.

Die Eltern als Coach können:

- die Kooperation in der Familie fördern,
- die verschiedenen Fähigkeiten ihrer Kinder erkennen und deren Einsatz ermöglichen,

Es ist gut, den Prozess des Konfliktes genauer zu untersuchen, ihn in seine Einzelteile zu zerlegen und auszudifferenzieren.

- den Kindern helfen, Erlebtes zu reflektieren, und ihre Neugier bestärken,
- den Kindern zunehmend Aufgaben übertragen, ohne zu überfordern,
- die Kinder gegen Druck von außen schützen, selbst wenn sie Fehler gemacht haben,
- auf Probleme hinweisen, ohne die Einsatzfreude der Kinder zu brechen,
- dafür sorgen, dass die Übernahme von Verantwortung Spaß macht,
- klar Position beziehen und ggf. Klärungshilfen anbieten.
- die eigene Rolle ständig hinterfragen, ein gutes Familienklima schaffen, aber möglichst wenig direkt eingreifen.

Konfliktfähig sein, was heißt das?

- Konfliktphänomene in sich selbst und in seiner Umgebung früh und deutlich wahrnehmen,
- verstehen, welche Mechanismen zur Intensivierung der Konflikte und zur Verstrickung beitragen,
- in Konfliktprozessen aktiv zu ihrer Verlangsamung beitragen können,
- vielfältige Methoden anwenden, die das eigene Anliegen fördern, ohne die Situation zu verschlimmern,
- Wege kennen und einschlagen, die zur Klärung von Standpunkten und Situationen führen,
- erkennen, wo die Grenze des eigenen Wissens und Könnens liegt, und notfalls Hilfe von außen holen.

Handlungsvorschläge für den Alltag

Der Alltag sollte Kindern Erfahrungs- und Spielräume bieten, in die sie sich einbringen können. Denn »Familie, das sind wir alle«, und da gestalten auch alle mit, selbst wenn die Eltern letztendlich die Verantwortung haben. Das Kapitel macht praktische Vorschläge für gemeinsame Spiele, Geschichten und Rituale.

Wie Eltern Erfahrungsräume gestalten können

Wer seine Lebenssituation versprachlichen kann, hat sie schon halb bewältigt.

Bereiten Sie Ihre Kinder auf Ereignisse vor. Sprechen Sie über alles, was Sie gemeinsam erleben, und auch über das, was die Zukunft bringt. Geben Sie den Gegebenheiten wie den Aussichten Sprache. Versprachlichen ist in diesem Sinne fast schon wie handeln. Im Idealfall können Kinder alles, was sie miteinander verbindet, aneinander kettet und manchmal auch herausfordert, in Erlebnisbahnen lenken, die sie weiterbringen.

Praktische Vorschläge

Wie können Eltern die Eigenaktivität ihrer Kinder fördern und Erfahrungsräume für ihre Kinder vorbereiten?
Es gibt vieles, woran Kinder meist gerne teilnehmen:

- das eigene oder mit einem Geschwister geteilte Zimmer nach eigenem Geschmack einrichten – bei Kleineren in Absprache mit den Eltern –,
- Beteiligung am Aus- und Umgestalten der Wohnung,
- Mitgestalten der Alltagsrituale,
- Wunschspeisepläne erstellen,
- Ausflüge planen,
- Anschaffungen besprechen,
- sinnvolle Abläufe für die reibungslose Alltagsgestaltung absprechen und gemeinsam initiieren,
- notwendige Aufgaben altersgemäß verteilen und deren tatsächliche Erledigung, wenn nötig, unterstützend begleiten …

Das gemeinsame Spiel

Das Spiel ist eine wichtige Quelle von Intimität und Bindung. Es fordert Konzentration, versetzt die Teilnehmer ins Spannungsfeld der eigenen Möglichkeiten und Grenzen. Das Spiel führt Kinder zusammen und ist ein wichtiger Raum des »Sich-selbst-

Erprobens«. Spielzeuge helfen dem Erwachsenen zur Begegnung mit dem Kind. Benutzen Sie sie nicht als Mittel, um das Kind abzuschieben, es ruhig zu stellen oder von ihm mehr und bessere Leistungen zu erreichen.

Beachten Sie im Spiel das Bedürfnis von Kindern:

- nach Bewegung,
- nach handelnder Auseinandersetzung mit der Wirklichkeit und mit allen Sinnen,
- nach Kontakt, nach sozialer wie auch emotionaler Beziehung,
- nach Erfahrungs- und Beziehungsaustausch mit Erwachsenen,
- im Miteinander, aber auch im Gegeneinander ihre Kräfte zu mobilisieren und aufzustellen.

Praktische Vorschläge

Spiele, über die Sie die Familie zusammenführen können:

- Funktions- und Explorationsspiele (Bewegung, Erkundung der Umgebung),
- Konstruktionsspiele (Material so einsetzen, dass ein Produkt entsteht, z. B. Sandkuchen),
- Rollenspiele (sich verwandeln, das eigene Verhaltensrepertoire spielend erweitern) und
- Regelspiele (das eigene Verhalten steuern lernen, sich an bestimmte Regeln halten).

Der Spielraum in der Geschwistergruppe ist eine Art Forschungslabor, in dem die Kinder mit ihren Gefühlen hantieren und lernen, sie im Handeln umzusetzen.

Das Spiel fordert das Kind ohne Leistungsdruck und folgt seinen Umwelteindrücken und Erlebnissen. Noch nie war dieses Spielen als frühes, mentales Ordnungsprinzip allerdings (leider) so identisch mit Spielzeug/-waren wie heute.

Spielen mit Erwachsenen

Die Spielsituation sollte niemals zu einer Erziehungssituation werden, wo ermahnt, gemaßregelt, belehrt, gehänselt oder beschämt wird.

Das Gefühl der Sicherheit und der Geborgenheit muss gegeben sein, und der Erwachsene sollte allenfalls anregend, nicht reglementierend eingreifen. Eine entspannte, lockere, angstfreie Atmosphäre ist notwendig. Jedes Spiel erfordert die äußere Zweckfreiheit. Kinder müssen beim Spiel wissen, dass sie abbrechen können und nicht ausgelacht werden. Lassen Sie ihnen Zeit, eine Spielanordnung zu finden. Strukturieren Sie nicht zu schnell vor. Es muss Raum für eigene Spielideen sein.

Praktische Vorschläge:

- gemeinsam ein Bild malen,
- gemeinsam mit Ton arbeiten,
- Blätter, Steine, Äste usw. sammeln und zu Hause auslegen,
- gemeinsam z. B. Fuß-, Volley- oder Handball spielen,
- mit Bewegungstuch experimentieren,
- gemeinsam etwas bauen (z. B. Baum-, Zwergen-, Vogelhaus, Stuhl, Tisch, Puppenhaus, Stelzen, Drachen, Seifenkiste),
- Bastelarbeiten, handwerkliche und künstlerische Arbeiten,
- ein kleines Gartenbeet, das jeder selbst anlegt,
- Gesellschaftsspiele (Mau-Mau, Mensch ärgere dich nicht, Mühle, Reversi usw.),
- Rollenspiele (Indianer, Tiere, Mutter-Vater-Kind, Arzt ...),
- ein Theaterstück schreiben und aufführen,
- gemeinsam musizieren,
- einen Film drehen, Kassetten besprechen,
- Ausflüge machen in Zoo, Kino oder Kindertheater,
- Schwimmbad oder Kanutour,
- Inliner oder Fahrrad fahren,
- Ausflug zum Bauernhof, in die Natur,
- Schnitzeljagd oder Schatzsuche,
- Klettern, Segeln, (Berg-)Wandern oder Spazierengehen, Nachtwanderung, Zelten.

Spiele erfinden

Was ich gut kann: Auf einem Bein hüpfen, rückwärts gehen, auf den Fersen laufen, wie ein Frosch quaken, mit den Ohren wackeln, den Kopf ganz weit drehen, mit den Fingern knacken, mit geschlossenen Augen die Fingerspitzen zusammenführen …

Wenn Sie verfolgen, was Ihrem Kind gefällt, finden Sie neue Spiele.

Exklusive Ratespiele für Ihre Familie

Wer aus der Familie ist damit gemeint? Die Person:

- isst gern Tomaten mit Mozzarella und Basilikum,
- liest gern und wartet auf die nächste Neuerscheinung von Harry Potter,
- ist manchmal gern allein und macht große Spaziergänge,
- hat zwei Kinder und ist stolz auf sie,
- hat Spaß am Kanufahren,
- erfindet gerne eigene Spiele,
- schläft am Sonntag gerne richtig aus.

Vorlesen und Erzählen

Bücher, in denen es um Konfliktsituationen geht:
Christine Nöstlinger, *Anna und die Wut* (Jugend und Volk Wien, 6. Auflage 1995, ISBN: 3-224-11105-4): Es geht um ein Mädchen, das ständig wütend wird. Weil sie darunter leidet, zieht sie sich immer mehr zurück. Die Eltern wissen keinen Rat mehr, da schenkt ihr der Opa eine Trommel. Fortan trommelt sie immer, wenn sie Wut hat, und muss sie nicht mehr hinunterschlucken, was ihr eh nie gelang. Mit jeder Wut trommelt sie besser. Sie sucht sogar Situationen auf, in denen sie wütend wird, damit sie trommeln kann. Bald vergisst sie ihre Wut, hat wieder Freunde und ist nebenbei eine gute Trommlerin geworden.

Scheinbar fremde Gestalten und Ereignisse können Ihren Familienkonflikt deutlich machen und seine Lösung vorzeichnen.

Elisabeth Zöller/Dagmar Geisler, *Mach keinen Ärger, Conrad* (Piccolo & Co, Vom Streiten und gemeinsam Entscheiden, ars Edition 1997, ISBN: 3-7607-1221-5): Es geht um einen Jungen, der immer der Anführer sein möchte. Er nimmt den anderen Kindern die Mützen weg, macht sich lustig über sie usw., und die Kinder lassen das alles mit sich machen. Eines Tages jedoch bricht er sich das Bein. Aber als er vom Krankenbett aus die gleichen Spielchen fortsetzen will, erkennen die Kinder, dass er gar nicht ihr Freund sein kann. Sie gehen einfach weg. Als Konrad sich entschuldigt, kommen die Kinder wieder zu ihm und zeigen ihm, wie man gemeinsam spielt.

Rituale stärken die Familie

Der Fisch

Rituale sollten von allen akzeptiert und danach eingeschliffen werden. Lassen Sie sich Zeit, wenn Sie ein Ritual einführen.

Delfine sind besondere Tiere. Normalerweise, wenn der Zirkus ein Kunststück braucht, hat der Dompteur eine Idee, die so lange geübt wird, bis es klappt. Delfine aber probieren über ihren Spaß am Spiel so viel aus, dass dabei wie von selbst Ideen für Kunststücke herauskommen. Deshalb muss der Tiertrainer sie einfach nur belohnen für ihre guten Ideen. Das ist so ähnlich wie bei euch. Weil die Delfine natürlich zur Belohnung keine Schokolade bekommen, sondern was? ... ja, natürlich Fische, habe ich einen Stapel voll Fischkarten gebastelt, die wir uns schenken können, wenn uns auffällt, dass jemand etwas:

- besonders gut gemacht hat,
- uns alle zum Lachen bringt,
- ein schönes Spiel erfunden hat,
- ungefragt beim Aufräumen hilft,
- durch seinen Ärger gezeigt hat, dass er übergangen wurde,
- besonders traurig war und kein Hehl daraus gemacht hat.

Dann können wir demjenigen einen Fisch schenken.

Erzählrunde mit Stein

Vater oder Mutter packen einen schönen Stein aus. Sie nennen ihn Erzählstein und sagen ihren Kindern, dass, wer den Stein in der Hand hat, erzählen darf, was ihm heute gefallen hat und was ihm nicht gefallen hat, welche Erlebnisse besonders bedeutsam waren usw. Selbstverständlich geben auch die Eltern etwas Persönliches preis. Disziplin und Geduld sind nötig, solange jeder hinhört und wartet, bis er an der Reihe ist. Es geht dabei um Achtsamkeits- und Aufmerksamkeitsschulung. Dabei wird deutlich, wie unterschiedlich Menschen die gleiche Situation erfahren.
Jede Art von Empfindung ist erlaubt, und die subjektive Bedeutungsgebung jedes Einzelnen ist Ausgangspunkt für ein stärkeres Gemeinschaftserleben.

In der Familienrunde erfährt man mehr voneinander.

Eigene Geschichten mit bekannten Akteuren erfinden

Greifen Sie die Erlebnisse der Kinder in selbst erfundenen Geschichten auf. Dann können die Kinder durch ihren Helden, ihre Heldin, das Erlebte noch einmal mit Abstand nacherfahren, nachfühlen, nachempfinden. Lassen Sie die Geschichten in den unterschiedlichsten Variationen vom täglichen Geschehen abweichen. Folgen Sie auch den Vorschlägen der Kinder, wie die Geschichte heute verlaufen soll: »Die Anna soll sich weh tun.« »Die Anna soll sich mit ihrem Bruder Felix streiten.« »Der Arthur soll heute was anstellen und erwischt werden.« Schaffen Sie Gelegenheiten, bei denen auch die Kinder ihre eigenen Geschichten fortspinnen können, damit sie

- ihre erlebten Realitäten mit Fantasien, Hoffnungen und Ängsten anreichern,
- erlebte Wirklichkeiten umgestalten,
- ihre Welt neu denken und darstellen.

Ich selbst habe für meine Kinder »Arthur-« und »Anna-Geschichten« erfunden, die sich am Alltag der Kinder und an ihren Erfahrungen orientierten.

Wettkämpfe als positive Möglichkeiten

Im Spiel und in der Fantasie ist es selbstverständlich erlaubt, Aggressionen auszuleben, denn es hat keinen Sinn, sie zu leugnen.

Kinder, die über viel Temperament und Energie verfügen, brauchen die Chance, ihren Überschuss in Form von spielerischem Gerangel entweder bei Freunden oder innerhalb der Familie loszuwerden. Kissenschlachten, Einschlagen auf einen »Boxsack«, Judo, Karate u. Ä. sind sehr nützlich.
Die Regeln sind glasklar: Der Wettkampf muss spielerisch bleiben. Sich wehtun oder gar verletzen ist absolut tabu. Artet der Kampf aus, wird er sofort und unumstößlich beendet. Kinder lernen so, ihre körperlichen Kräfte einzuschätzen (die Erwachsenen können ja mal mitmachen und die Kinder gewinnen lassen). Außerdem müssen sie Rücksicht nehmen (was muss ich tun, damit ich den anderen nicht verletze?) und Regeln achten.

Guten Morgen, liebe Sonne!

Um Hetze zu vermeiden, ist es sinnvoll, den Tag rechtzeitig zu beginnen – vielleicht so, dass man noch miteinander im Bett kuscheln kann. Eltern, die schwer aus den Federn kommen, sollten vor dem allgemeinen Wecken Zeit zum Wachwerden einplanen. Sie können die Kinder mit einem Lied wecken, denn Musik ist freundlicher als ein schriller Wecker. Auch ein gemeinsames Frühstück am gedeckten Tisch kann zum Einladungsritual für den Tag werden.
Beim Frühstückmachen können Sie sich abwechseln. Ältere Kinder übernehmen es z. B. am Wochenende. Natürlich kann jede/r seinen/ihren Lieblingsbecher haben oder sich an besonderen Dingen erfreuen: Marie am Müsli, Timo am Frühstücksei usw. Es kann auch Spaß machen, die Sitzordnung zu verändern. Nicht in allen Familien kann man täglich zusammen frühstücken, aber wenigstens eine gemeinsame Mahlzeit am Tag sollte möglich sein.

Abschieds- und Begrüßungsrituale

Wenn die Familie nach dem Frühstück aufbricht, sollten Sie Ihren Kindern etwas Fröhliches mit auf den Weg geben. Statt »Pass auf« (worauf?), oder »Du musst dich jetzt aber beeilen« wünschen Sie lieber »Viel Spaß im Kindergarten« bzw. in der Schule. Auch die Begrüßungsrituale am Mittag sollten freundlich sein. Begrüßen Sie Ihre Kinder nie mit »Habt ihr eure Bioarbeit zurück?« oder »Sei doch ein bisschen leiser!« Lassen Sie sie erst einmal ankommen. Nehmen Sie sie zur Begrüßung in den Arm, auch ein kurzes Handdrücken öffnet.
Wenn ein Kind noch ganz aufgewühlt ist von Empfindungen, die es von draußen mitbringt, helfen Sie ihm, zur Ruhe zu kommen. Wenn es Erzählbedürfnisse hat, hören Sie zu, und achten Sie darauf, dass solche Impulse nicht untergehen. Gerade die Mahlzeiten bieten wunderbare Gelegenheiten, sich in Ruhe gegenseitig vom Tag zu berichten.

Es gibt für Kinder fast nichts Schlimmeres, als morgens zerstritten auseinander zu gehen.

Das (wenn möglich) gemeinsame Abendessen

Ein schönes Ritual ist es, wenn jedes Familienmitglied berichtet, was an seinem Tag besonders schön war und was weniger gut gelaufen ist. Fassen Sie sich vor den Mahlzeiten bei den Händen und wünschen Sie sich einen guten Appetit. Auch Alltäglichkeiten können das Wir-Gefühl der Familie stärken.

Es wäre zu wünschen, dass beim Essen alle zusammenkommen.

Festliche Rituale/Jahresrituale

Viele Familien backen traditionell am ersten Advent oder färben Ostereier – wichtig ist, dass es Ereignisse sind, die jedes Jahr wiederkehren und an denen alle Freude haben. Sie können aber auch eigene Traditionen begründen.

Wasch- und Körperpflegerituale

Nehmen Sie die Körperpflege zum Anlass für Rituale. Sie können auch bei Achtjährigen beim Auf-dem-Sofa-Liegen noch die Füße massieren oder den Rücken abklopfen.

Gute-Nacht-Rituale

Kinder haben manchmal Schwierigkeiten, entspannt einzuschlafen. Vorlesestunden, Musik und auch Entspannungsübungen können hilfreich sein. Nehmen Sie sich Zeit, lassen Sie sich die Gelegenheit nicht entgehen, zu jedem Kind Kontakt herzustellen, und verabschieden Sie jedes Kind einzeln in den Schlaf.

Der Familienrat tagt

Halten Sie regelmäßig zu bestimmten Themen einen Familienrat ab. Lassen Sie dabei jedes Kind zu Wort kommen.

Machen Sie es zur Gewohnheit, Themen für den Familienrat zu sammeln und auch Ihre Kinder Themen mitbestimmen zu lassen. Im Rat darf jeder zu Wort kommen – wenn er denn schon sprechen kann – und vor allem ausreden, ohne dass er unterbrochen wird. Alle, selbst die Kleinsten, werden ernst genommen. So wird jedem klar, dass alle eine eigene Persönlichkeit haben, die zu respektieren ist.
Sie werden erleben, wie enthusiastisch die Kinder bei der Sache sind. Bestimmen Sie gemeinsam, wer im jeweiligen Familienrat die Gesprächsführung übernimmt. Das können mit zunehmendem Alter die Kinder selbst tun. Sorgen Sie auch für regelmäßige Feedbackrunden.
Generell sind Einigungsversuche eher erfolgreich, wenn Streitpartner ihre Beziehung nach dem Streit fortsetzen müssen, als wenn sie danach keine Beziehung mehr zueinander haben. Das ist in der Familie die Regel – Sie sehen: Ihre Chancen stehen gut.